Πλάτων

プラトン

Τίμαιος Κριτίας

ティマイオス
クリティアス

岸見一郎 訳

Kishimi Ichiro

白澤社

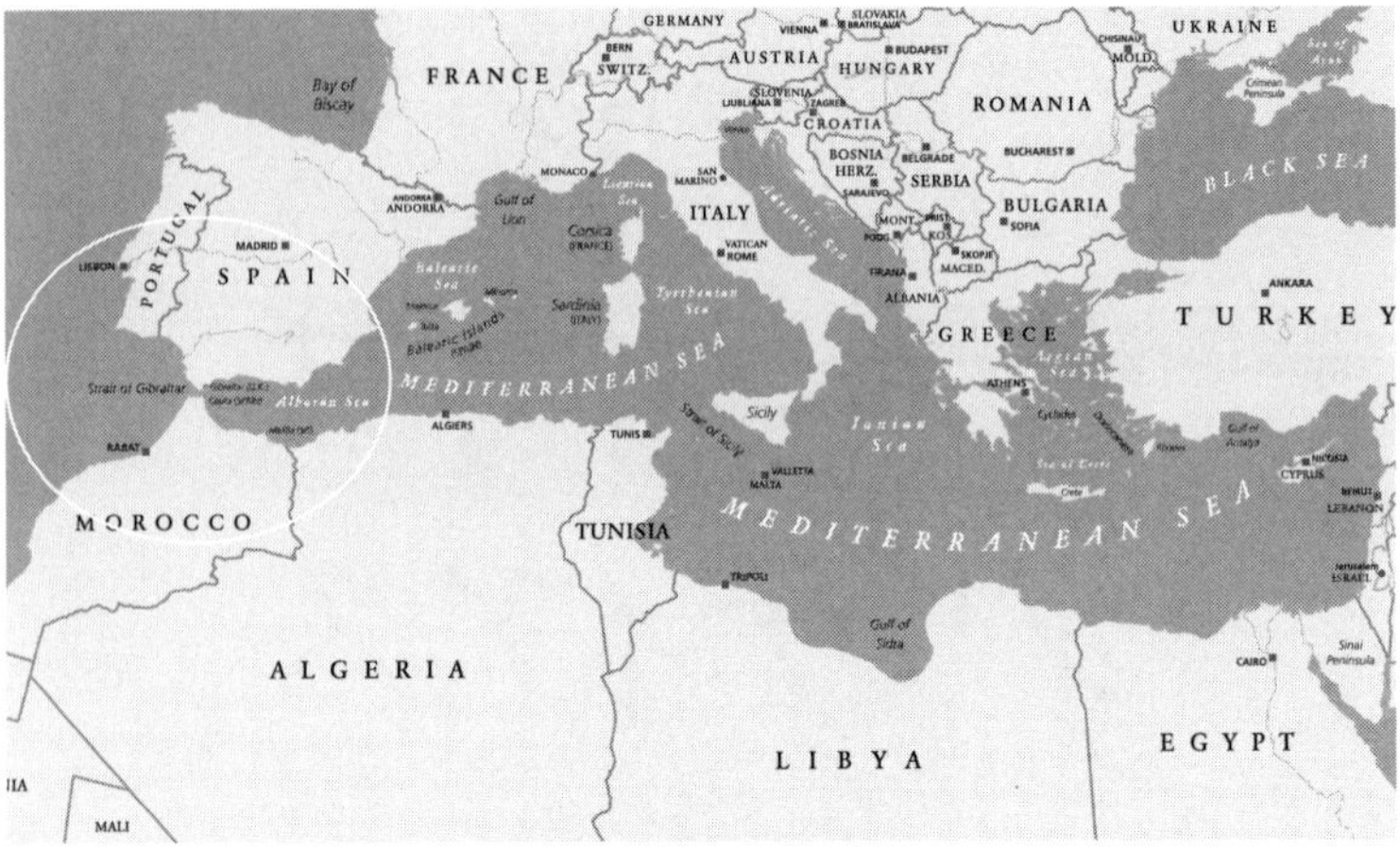

地中海沿岸諸国（現在）

ジブラルタル海峡付近

訳者まえがき

ラファエロのフレスコ壁画である『アテネの学堂』には、その中央部にプラトンとアリストテレスの並び歩む姿が描かれている。プラトンは右手の指で天上を指さし、その左手には『ティマイオス』を携えている。

プラトン（左）とアリストテレス（右）
ラファエロ「アテネの学堂」より

他ならぬ『ティマイオス』をプラトンが携えているのは、『ティマイオス』の影響力が甚大であり、プラトンの対話篇中、もっとも多く引用されてきたからである。『ティマイオス』は、宇宙の創造について論じているので、その影響はキリスト教、ユダヤ教にまで及んだが、星辰、大地、人体などあらゆる自然現象についてそれらが最善のあり方をしているという目的論的見方は、価値をその世界観に組み込もうとしない現代科学の知見からは特異な考えに見えるかもしれない。

ソクラテスと同時代人のアナクサゴラスは、太陽を灼熱の石と見て、日食と月食について、それぞれを地球や月が太陽の光を遮るので起こり、月の光は太陽の反射にすぎないと説いた。このような見方は今日常識であり、日食や月食に不吉な前兆を見るような迷信が支配した時代に戻ってはいけないだろう。

しかし、夜空を見上げる人は、そこにただものを見ているわけではない。古代ギリシアの哲学者たちは、万物の根源を水や空気などと見たが、それらはものではなく、「魂」であり「神」だった。プラトンが、宇宙は魂を持ち知性を持った生きものとして生まれたと考えてその哲学を構築したのは、ギリシア世界観の延長上においてであった。プラトンは生涯一貫して、自然を生命（いのち）なきものと見なしてはならない、と主張したのである。

今日、森林を切り開き、道を舗装し、海を埋め立てるなど、自然を破壊してもそのことを何とも思わないような政治家たちは、自然に生命など少しも見ていない。どんな形であれ自然が失われることに心を痛める人は、プラトンが『ティマイオス』において表明する自然観に大きな違和感を持たないだろう。

『ティマイオス』の続編が『クリティアス』である。この対話篇は、アトランティス島についての話で有名である。この島は「ヘラクレスの柱」（ジブラルタル海峡）の彼方にあったが、地震と洪水のために、海に没し姿を消したといわれる。

この話は『ティマイオス』の初めに語られるが、ティマイオスによる宇宙と人間の誕生を語る議論によって中断され、その後、『クリティアス』において、クリティアスが再開する。プラトンの意図がどこにあったにせよ、アトランティスの話ほど一般の関心をひいたものはない。大きな地震、津波、原発事故を経験した日本では、アトランティスの話はそれ以前とは違った光が当てられて読まれるかもしれない。

「ヘラクレスの柱」から望むジブラルタル海峡

『ティマイオス』『クリティアス』いずれの対話篇にも古来からあまたの研究書、注釈書があり、現代でもなおさまざまに議論されている。それらなしには翻訳をすることはできなかった。しかし、諸家の解釈はあくまでも各々の視点からなされたものであって、読者はいわば噂話にばかり耳を傾け、肝心の本人から話を聞かないというようなことがあってはならないと思う。まずは、プラトン自身が書いたテキストを読んでみてほしい。

訳者・岸見一郎

凡例

一、本書は、バーネット版プラトン全集（J. Burnet, *Platonis Opera Vol. IV*, Oxford Classical Texts, 1902）を用いたが、これとは異なる読みをした箇所もある。

一、訳文の上にある［　］内の数字とａｂｃｄｅは、ステファヌス版全集（H. Stephanus, *Platonis opera quae extant omnia*, 1578）のページ数と各ページ内のＡＢＣＤＥの段落づけとおおよそ対応させたものである。引用は、このページ数と段落によって示す。

一、章分けは、十八世紀以降のフィッシャー（J. F. Fischer）の校本に由来する慣用のものに従う。ただし、目次の見出しは読者の便宜のために訳者が付した。

一、（　）は訳語のカナ表記、または、言い換えなどを示す。

一、訳文中の〔　〕は訳者による文意の補足を示す。

目次

ティマイオス／クリティアス＊目次

ティマイオス／クリティアス登場人物（発言順）

ソクラテス　アテナイの哲学者（前四六九～三九九年）。ほとんどのプラトンの対話篇における主たる話し手。本対話篇においては、ソクラテスはほとんど発言しない。

ティマイオス　イタリア半島南端に近い東海岸にあった都市、ロクリスの人。天文学に通じ、万有（宇宙）の本性について知ることを特に仕事にしてきた、とされている［27a］。『ティマイオス』以外にはティマイオスに言及する文献がないので、プラトンが創作した架空の人物と推測される。ティマイオスによって語られる宇宙論はあらゆる立場の説を折衷したものである。ティマイオスの宇宙論は、プラトンの学説ではなく、前五世紀のピュタゴラスの説が見られると考える研究者がいるが、『ティマイオス』とは別にこの時代のピュタゴラス派の学説は確認されていない。『ティマイオス』を根拠にピュタゴラス派の学説を推測してみても、論点先取の誤謬といわざるをえない。

クリティアス　アテナイの人。どのクリティアスかは諸説あるが、プラトンの母のいとこで、三十人政権の首領格になったクリティアスの祖父であろう。このクリティアスの曾祖父であるドロピデスは、このクリティアスより八十歳ほど年長で、ソロンの友人である［20e-21d］。

ヘルモクラテス　シケリア（シチリア）の都市であるシュラクサイの政治家、将軍。前四一五～三年のアテナイのシュラクサイへの遠征軍を打ち負かした。

ティマイオス

1

[17a]

ソクラテス　一人、二人、三人……おや、親愛なるティマイオスよ、四人目の人(1)はどこにいるのだね。あなた方は、昨日は私の客だったが、今日は私をもてなしてくれるのではなかったのかい(2)。

ティマイオス　ソクラテスよ、何かの病気になったのです。そうでなければ、あえてこの集まりに出てこないということはないでしょう。

ソクラテス　それなら、ここにいない人の分も、あなたとこの人たちで補ってくれるのだろうね。

[b]

ティマイオス　その通りです。できるだけ何一つ不足がないようにしましょう。昨日は客人としてふさわしいもてなしをあなたから受けたのだから、お返しとして残った三人で熱意をこめてあなたをもてなさなければ、公平ではないでしょうから。

ソクラテス　私が何について話してほしいとお願いしたか覚えているかい。

ティマイオス　覚えていることもありますが、覚えていないことは、あなたがここにいるのだから思い出させてくれませんか。いや、それよりも、面倒でなければ、最初から簡潔にもう一度あの話を繰り返してください。そうすれば、いっそう記憶に残るでしょうから。

［c］
ソクラテス　では、そうしよう。昨日、私が国家について話したことの要点は、それがどんなもので、どんな人で構成されたら最善のものになると私に思えるかということだったと思う。(3)

ティマイオス　そうでした。しかも、ソクラテス、あなたが語った国家はわれわれ一同、大いに気に入るものでした。

ソクラテス　それではわれわれは第一に、その国家の中で、農夫やその他の技術に携わる人の種族を、国家の守護者の種族から区別したのではなかったか。

ティマイオス　区別しました。

［d］
ソクラテス　自然の素質に従って、それぞれの人にふさわしいただ一つの仕事を与え、それぞれの人にただ一つの技術ということにした。そこで、われわれは、全員のために戦うことが任務である人だけが国家の守護者でなければならない、そして、害をなそうとする人が外国人であろうと、あるいは市民であろうと、戦場で会う敵に対しては、断固とした厳しさで臨まなければならないが、自分たちによって統治されており、本性上自分たちの友人である人に対しては、穏やかに裁かなければならない、といったのだ。

［18a］
ティマイオス　その通りです。

ソクラテス　なにしろ、国家を守護する者の魂は、勇気があるのと同時に、並外れて知を愛するという素質が備わっていなければならないといったのだからね。それは、味方に対しては、間違いなく穏やかであり、敵に対しては、容赦しない者になるためなのだ。

[18] **ティマイオス**　そうでした。

ソクラテス　それでは、教育についてはどうか。彼らは体育や音楽、さらに彼らにふさわしいあらゆる学科で教育されたのではなかったか。

[b] **ティマイオス**　そういいました。

ソクラテス　このように育てられた人たちについては、こんなふうにいった。彼らは金も銀も、また他のどんな所有物も、自分の私有物と見なしてはいけない。むしろ、守備をする助力者として、守備をすることの報酬を、彼らに守られる人から、節度ある人にふさわしい分だけ受け取って、それを共同で使い、他の仕事にはわずらわされないで、終始、徳のことにだけ配慮して、互いに生活を共にして生きていかなければならない、と。

ティマイオス　そのことも、そのようにいいました。

[c] **ソクラテス**　さらに、女性についても言及し、女性の素質は男性と似たものになるように調整しなければならず、戦争の面でも他の生活の面でも、すべての仕事を男性と共通にすべての女性に与えなければならないといった。

ティマイオス　このことも、そのようにいっていました。

ソクラテス　それでは、子どもをつくることについてはどうか。そのことについては、語られたことがあまりに新奇なことなので、忘れることなどできないのではないだろうか。結婚のことも子どもたちも共有しなければならないと定めたのだ。つまり、彼らのうちの誰も生

[d] まれてきた子どもを決して自分の子どもとは見なさず、全員が全員を親族と見なす、つまり、しかるべき年齢に生まれたのであれば、誰をも兄弟姉妹と見なし、自分より先に生まれた人、年上の人を父母や祖父母、年齢が下の人を子どもや孫と見なすという工夫をしてもらうことにしたのだ。

ティマイオス　その通りです、しかも、それはあなたがいうように忘れることはできません。

ソクラテス　しかしまた、彼らが生まれるやいなや素質の点で可能な限り優れているように、男性の支配者も女性の支配者も結婚を取り結ぶ時に、何か籤《くじ》のようなものを使ってひそかに細工をしなければならないといったことを覚えていないか。そうするのは、籤を使うことで、素質が悪い男と善い男が、それぞれ同類の女性とだけ結びつくようにするためだが、誰と誰[e]が結びつくかは運によると考えるので、そのことで彼らが敵意を持つということはない、と。

ティマイオス　覚えていますとも。

ソクラテス　さらに、こんなことも話したことは覚えているだろうか。素質の善い親の子ども[19a]は育てなければならないが、素質の悪い親の子どもは国の別の場所へとひそかに分散しなければならない。しかし、子どもたちが成長していくのを観察し、価値のある者はいつでも連れ戻すが、自分たちのところにいた者であっても価値のない者は、こちらに帰ってくる者がいた場所へと移し替えなければならない、と。

ティマイオス　そのように話しました。

[19] **ソクラテス**　それでは、要約して復習する分には、もう昨日のようにすっかり話したことになるだろうか。それとも、ティマイオスよ、昨日話したことの中から、なお何か落ちているところがあると感じられるだろうか。

[b] **ティマイオス**　いや決して、ソクラテス。まさに今話された通りのことが昨日も話されました。

〈1訳注〉

（1）これが誰であったかはわからない。また、なぜソクラテスがその人にここで言及しているのかもわからない。

（2）以下の対話は、アテナ神の祭礼であるパンアテナイア（21a）に行なわれたことになっている。四年に一度、大パンアテナイアが行なわれたが、対話時の祭りが通常のパンアテナイアなのか大パンアテナイアなのかについては言及されていない。

（3）以下、**19c**までのソクラテスによる要約は、『国家』の第二巻から第五巻あたりの内容に似ているが、『国家』で語られたことと必ずしも合致していない。それにもかかわらず、「まさに今話された通りのことが昨日も話された」（19b）といわれているのであるから、ここで『国家』で行なわれた対話の続きが、以下『ティマイオス』において展開されていると見る必要はなく、ここでの理想国家論の要約が考察に対応していると考える必要もないだろう。

実際、『国家』の対話はベンディス祭の日に行なわれたとされているが、『ティマイオス』の対話が行なわれたものと想定されているパンアテナイア祭（2の注6参照）は、ベンディス祭の二日前に行なわれた。

2

ソクラテス　それでは次に、われわれが話した国家について、私がそれに対してどんなふうに感じているかを聞いてもらいたい。私のこの感情はちょうど、描かれているのであれ、本当に生きてはいるがじっとしているのであれ、美しい動物を見た人が、それが動いているところや、その体格にふさわしいと思えるものを発揮して競技を戦っているところを見たくなるような場合に似ている。私も同じことをわれわれが話した国家に対して経験したのだ。というのも、およそ国家によって競われる競技を、われわれの国家が他の国家に対して競うところを詳しく語る人があって、その人が、国家が戦争を始めるにふさわしい仕方でそれを始めるところや、戦争中も、実際の戦闘においても、各々の国家を相手に言論でなされる交渉においても、教育や訓練にふさわしい成果を見せるところを語るのであれば、私はそれを喜んで聞いてみたいからだ。［c］

クリティアスとヘルモクラテスよ、この点については、私はあの国家とその成員を十分に賞賛できないということを自分でもよく知っている(1)。私自身が、このようであるのは少しも驚くには当たらない。しかし、昔の詩人についても、今の詩人についても、同じことを考えるようになったのだ。詩人を軽蔑してこういうのではない。しかし、模倣を仕事とする人は、［d］

[19] [e] 自分が育った環境のことについては、非常に容易かつ立派に模倣するだろうが、自分の育ちを超えたことについては、それをよく模倣することは、実際の動作においてはもとより、語る場合には、もっと厄介なことになることは、誰の目にも明らかだ。ソフィスト(2)は、他の多くの立派なことについて語ることには、大いに通じていると私は思ってきたが、国から国へと彷徨《さまよ》い、自分の家に定住したことがないので、知を愛する人であると同時に政治家でもある人(3)については、このような人が、戦争や闘いにおいて、実際に行動したり言論で交渉することで、どれだけのことを、そして、どんなことをしたり話すのかについては、ソフィストは的外れなことをいうのではないかと怖れるのだ。

そこで、あなた方のようなタイプの人、つまり素質と育ちの点で知を愛し、かつ政治に携
[20a] わることの両方ができる人が残ることになる。なぜなら、このティマイオスは、もっともよく治められているイタリアのロクリスの人で、財産でも家柄でも、かの地の誰にもひけをとることなく、その国のもっとも重要な官職と名誉を手中に収めた人だが、私の見るところ、知を愛することにかけても、そのすべての点で頂上に達した人だからだ。クリティアスについては、ここアテナイのすべての人が、彼がわれわれが語っていることのいずれのことにも素人ではないことを知っている。さらに、ヘルモクラテスの素質と育ちに関しても、多くの
[b] 人が証言しているので、それがこれらすべてのことに十分なものであることを信用しなければならない。

私は昨日も、あなた方が国政について詳しく語ることを求めた時、このことを考えていた。だから、乗り気になって引き受けたのだが、その続きの話は、もしもあなた方がその気になれば、あなた方よりも満足に話す人は誰もいないことを知っていたのだ。なにしろ、今ある人の中であなた方だけが、あの国家をしかるべき戦争に入らせ、それにふさわしいものを与えることができるだろうからだ。そこで、求められた話をした後、私は今もいっていること［c］をあなた方にお願いした。すると、あなた方は、自分たちの間でよく考え、話のご馳走を返すことに同意してくれた。そこで、私はご馳走のために着飾って、それをいただこうと誰よりも意気込んでここにきているのだ。

ヘルモクラテス　ソクラテス、たしかに、このティマイオスがいったように、われわれがお返しをする熱意を欠くというようなことはまったくないし、そうしないですむための口実も持っていない。昨日もここを後にして、われわれが滞在しているクリティアスの家の客間に着くとすぐに、いや、着く前からも道々、まさにそのことについて考えていた。すると、［d］このクリティアスが、昔聞いた話を聞かせてくれたのだ。クリティアス、それを今またソクラテスに話してくれませんか。そうして、それがこの人の求めに合っているかいないか、一緒に吟味してもらうことにしましょう(4)。

クリティアス　そうしなければならないね。三人目の仲間であるティマイオスも同意するのであれば。

[20] **ティマイオス**　それでいいと思います。
クリティアス　ソクラテス、それでは話を聞いてくれたまえ。これは非常に不思議な話だが、
[e] まったくもって真実の話なのだ。そのことは、七賢人の中でももっとも賢いソロン[5]がかつて保
証した。さて、ソロンは、詩のいたるところで自分でもいっているように、私の曾祖父であ
るドロピデスとは親戚であり、大の親友だったのだが、こんな話を私の祖父であるクリティ
アスにしたというのだ。そして、老いた祖父が、それをわれわれにも繰り返し話してくれた
のだ。つまり、時間が経ち、人々が死に絶えたので、わからなくなってしまったのだが、昔、
驚くべき偉業がこのアテナイの国によってなしとげられたというのだ。そのうちの一つは、
[21a] あらゆる偉業の中でももっとも重要なものだったが、それを思い出して話し、あなたにお礼の
お返しをし、かつ同時に、この祭り[6]において女神[7]に賛歌を捧げるように、正しく本当の仕方
で讃えることが、われわれにはふさわしいことになるだろう。
ソクラテス　それはいいね。一体、あなたの祖父のクリティアスが、語り伝えられてはいない
が、実際にこのアテナイの国によって昔なしとげられたとソロンから聞いたという偉業とは
どんなものでしたか。

〈2訳注〉

（1）ソクラテスは自分は何も知らないということを常としていたので、ここで自分が語った国家とその

（2）成員について十分賞賛できないことを知っているといっているのは驚くことではない。徳を授け、人間を教育すると公言し、謝礼、報酬を受け取った教師たちをソフィストという。プラトンのソフィストについての評価は低く、真理ではなく、説得のための技術として弁論術を教える点などを問題にしている。
（3）『国家』で語られる哲人王に暗に言及している。
（4）『ティマイオス』におけるヘルモクラテスの唯一の発言。ヘルモクラテスが次に発言するのは、『クリティアス』の最初（108b-c）である。
（5）アテナイの政治家、詩人。アテナイのアルコン（政務長官）として内乱を調停（前五九四年）、ソロンによる政治、社会改革は、アテナイにおける民主主義の発展に貢献した。ソロンがエジプトの神官に会ったという話も、すぐ後に語られるアトランティスの物語もプラトン以前にはどこにも語られていない。
（6）パンアテナイアを指す。アテナ女神のために行なわれるアテナイのもっとも重要な祭り。
（7）アテナイの守護神、アテナ。

3

［b］

クリティアス　それでは話そう。その話を昔の話として聞かせてくれた人は若くはなかった。というのも、当時、先代のクリティアスは、彼がいうところでは、かれこれ九十歳で、私はといえば、せいぜい十歳だった。その日は、アパトゥリア祭のクレオティス[1]に当たってい

[21] た。そこでその時も、この祭りの例年通りの恒例行事が、子どもたちのために行なわれてい
た。父親たちがわれわれに吟唱を競わせたのだ。そこで、多くの詩人たちが創った多くの詩
が吟唱されたのだが、当時はソロンの詩が新しかったので、それを歌った子どもは多かっ
た。すると、一族の中のある人が、本当にその時そう思ったのか、（先代の）クリティアス
[c] にお世辞をいうためか、ソロンは、他の点でももっとも賢かったが、詩作の点でも詩人たち
の中でもっとも自由な精神を持った人に思える、といったのだ。すると、私はよく覚えてい
るのだが、老人は大いに喜び微笑んでいった。「アミュナンドロスよ、もしもソロンが余技
に詩作したのではなく、他の人のように真剣に取り組み、エジプトからこちらへ持ち帰った
物語を、内乱や、その他帰国した時に遭遇した難事によってなおざりにすることを強いら
[d] れずに完成していたら、私の考えでは、ヘシオドスであれホメロスであれ他のどんな詩人も、
ソロン以上に名を成すことはなかっただろう」。アミュナンドロスが「クリティアス、その
物語はどんなものだったのか」とたずねると、クリティアスは答えた。「この上なく重要で、
もっとも有名であってしかるべき偉業についての物語だ。それをこの国家はなしとげたのだ
が、時が経ちそれをなしとげた人も死に絶えたので、この物語は今日まで伝わらなかったの
だ」。アミュナンドロスはいった。「最初から話してくれ。それはどんな話なのか。ソロンは
誰からどのようにしてそれを真実のこととして聞き、話していたのか」。
[e] クリティアスはいった。「エジプトの三角州の中、ナイル河が分岐する頂点あたりにサイ

スと呼ばれている州がある。その州最大の都市がサイス市だが——アマシス王[2]もここの出身だった——その都市を創設した神は、エジプト語ではネイト[3]と呼ばれている。その神は、その地の人が語るところではギリシア語ではアテナだというのだ。彼らは非常にアテナイびいきで、アテナイ人と一種の親族関係にあるといっている。さて、ソロンは、そこへ行った時
[22a] に、彼らの間で大いに尊敬されたといっていたが、ある時、昔のことを、神官の中でもそのようなことにもっとも通じている人にたずねたところ、彼自身も他のギリシア人も、このようなことについては、誰も何一つ知らないといってもいいことがわかったというのだ。ある時、彼らに古い時代のことについて話をするように仕向けたいと思って、ギリシアのほうのもっとも古い話をすることを試みたというのだ。つまり、最初の人間といわれたポロネウス
[b] とニオベ[4]について話し、さらに、大洪水の後、デウカリオンとピュルラ[5]がどのように生き延びたかを物語って、彼らの子孫の系譜をたどり、それぞれの時代を区別して思い出し、彼が話した出来事から経過した年数を計算することを試みたのだ。

　すると、神官の中のひどく年老いた人がこういった。『おお、ソロンよ、ソロン、あなた方ギリシア人は、いつも子どもだ。年老いたギリシア人はいない』。ソロンがこれを聞いて『それはどういう意味ですか』というと、その神官は語ったそうだ。『あなたたちは皆心が若い。なぜなら、古い言い伝えによる昔の説も、年を経て古色蒼然たる学知も、何一つ心に留
[c] めていないからだ。こんなことになった理由はこうだ。人類は、これまでもいろいろな形で

[22] 何度も滅びたし、これからも滅びるだろうが、その最大のものは火と水によるもので、他の
無数の原因によるものはさほど大きなものではない。それというのも、あなた方のところで
語られている、ヘリオスの子どもであるパエトンが、かつて父の車に馬を繋いだが、父の軌
道に従って駆ることができなかったので、地上のものをすべて焼き尽くし、自らも雷に撃た
[d] れて死んだという話[6]は、物語の形を取って語られているが、真実は、大地をめぐって天を運
行するものが軌道を逸脱することで、長い時間をおいて周期的に起こる大火によって、地上
の事物が滅亡するということなのだ。そこで、このような場合は、山や高地や乾燥地に住ん
でいる人が、海辺に住む人よりも滅びることになる。しかし、ナイル河は、他のどんな場合
も救済者となるが、この時も解放されて[7]、この危機からわれわれを救ってくれるのだ。他方
また、神々が大地を水で浄めるために洪水を起こす時には、山に住む牛飼いや羊飼いは助け
[e] られる。しかし、あなた方の都市に住む人が河によって海へと流されるのに対して、この地
では、そのような時も、他の時も、水は上から平野へと流れることはなく、反対に、すべて
下から自然に上がってくるのだ。
　そのため、このようなことが原因で、エジプトで保存されているものがもっとも古いと語
り伝えられているが、真実は、過度の寒さや暑さが妨げとならなければ、どんなところでも、
[23a] ある時は多くの、ある時はわずかな数の人間の種族がいつも存在しているのである。そし
て、あなた方のところであれ、この土地であれ、あるいは、われわれが伝え聞いて知ってい

る他の場所であれ、もしも何か立派なことや壮大なこと、あるいは、何か目を引くことが起これば、この地では、それらはすべて昔から神殿に記録されて保存されてきた。しかし、あなた方や他の国では、文字や他にも国家が必要とするものが整えられたかと思うと、いつも決まった年数をおいて、疫病のように再び天からの流れ（どしゃぶり）が突如として奔流と
[b] なって降りかかり、あなた方のうち、文字を解さず教養のない者だけを生き残らせるのである。その結果、あなた方は再び振り出しに戻り、いわば子どもとなって、このエジプトのことも、あなた方の地方のことも、昔にあったことは何一つ知らないということになるのだ。

たしかに、ソロンよ、今し方あなたが話した系譜の話は、子どもの物語とほとんど変わりがない。第一に、あなた方は、以前にも多くあった地上の洪水の一つだけを記憶しているだけなのである。その上、人間の中でもっとも立派で優れた種族が、あなた方の国土にいたこ
[c] とを知らない。あなたも、今のあなた方の都市国家の市民全部も、その種族からかつてわずかな種が残されたために、そこから生まれることになったのだが、生き残った人たちが何世代にもわたって、文字で表現することを知らずに死んだために、あなた方はそのことに気づいていない。というのも、ソロンよ、今はアテナイ人の国である都市国家が、水による最大の破滅の前に、あらゆる点でことのほか優れた法秩序を持っており、戦争においても、もっ
[d] とも勇敢だったことがあるのだ。その国家によってなしとげられた業績も国政も、この天の下でわれわれが聞き及んだあらゆることの中で、もっとも立派なものだったといわれている』

[23] ソロンはこれを聞くと驚き、神官たちに、昔のアテナイ市民たちについての話を順を追っ
て詳しく話してくれるよう熱心に頼んだそうだ。すると、神官はこういった。『ソロンよ、
いい惜しまなければならないことなど何もない。あなたのために、あなた方の国家のために、
とりわけ、あなた方の都市とこのわれわれの都市を守護し、これを養い教えた女神（アテナ
／ネイト）のために話そう。女神が、ゲーとヘパイストスから、あなた方の種子を引き取っ
[e] て[8]、あなた方の都市の守護神になったのは、われわれの都市よりも千年も早かったのだ。と
ころが、当地の制度は整えられてから八千年になる、とわれわれの国の聖なる文書には書か
れている。そこで、九千年前に生きたあなた方の市民の法律と、あなた方によってなされた
偉業のうちもっとも立派なものを、私が簡潔にあなたに説明しよう。しかし、すべてについ
[24a] ての詳細は、実際に文書を手にした上で、今度また暇のある時に順を追って話そう。
さて、その法律を、当地のものを参照して見ていただきたい。当時あなた方のところに
あった法律の類例を、ここで今見ることになるからだ。まず第一に、神官の種族が他の種族
[b] から区別されていること、次に、職人の種族は、牧人の種族、狩猟者の種族、農夫の種族と
いうふうに、他の種族とは交じることなく、自分の仕事に従事していることを見るだろう。
さらに、この国では、戦士の種族が他のすべての種族から区別されていることに気づいてい
ると思う。この種族は、戦争に関すること以外のことは関心事としないことが、法によって
定められている。また彼らの武装の様式は、盾と槍を持つものだが[9]、そのような装備をした

のは、アシア[10]に住む者のうちでは、われわれが初めてだった。女神が、ちょうどあちらの地方[11]では、あなた方に最初に示されたように、われわれにこれを示されたのである。さらにま
[c] た知識の面でも、この国の法律が、神的な事から人間界の諸事まで、占い術や健康を目的とする医術まで、あらゆることを考え出したり、それらに付随する他のすべての学問を獲得したということから、最初からすぐに宇宙の秩序に関してどれほどの注意を払ったのかがおわかりだろう。

さて、女神は、当時、あなた方を最初にこの組織と制度のすべてを整えた上で定住させた。その際、あなた方が生まれたところを場所として選んだ。そこの気候が温和であることが、もっとも思慮ある人を産むであろうことを見て取っていたからである。実際、女神は戦争を
[d] 好むと共に知を愛する方なので、自分にもっとも近い人を産むであろう土地を選び、最初にそこに人を定住させたのだ。そこで、あなた方は、今述べたような法律や、それよりもさらによい法律を用いて生活していたが、神々が産み育てた子どもにふさわしく、あらゆる徳の点で、あらゆる人に優っていた。

[e] さて、当地で書き留められたあなた方の国家の偉業の多くが賞賛されているが、中でも一つのことが、壮大さと徳の点ですべてを凌駕している。文書は、かつて、外海アトラスの大洋を起点として、一挙に全ヨーロッパとアシアに向かって、傲慢にも押し寄せてきた大きな勢力をあなた方の国家がいかに阻止したかを語っているからである。当時はあの大洋は渡航

[25a] できたのである。大洋にはあなた方が「ヘラクレスの柱」[12]と呼ぶ入口の前方に、リビュア[13]とアシアを合わせたよりも大きな島があったからである。当時の航海者は、その島から他の島々へと渡ることができ、その島々からあの正真正銘の大洋をめぐっている対岸の大陸全土へも渡ることもできた。われわれが話している入口の内側にある部分[14]は、狭い入り口を持った港湾にしか見えないが、あの外海こそ真の大洋[15]であり、それを囲む陸地こそ真実もっとも正当に大陸といわれるだろう。

[b] さて、このアトランティス島に、驚くべき巨大な諸王侯の勢力が出現した。それがその島の全土を初めとして、他の多くの島々や大陸のいくつかの部分をも支配していた。これに加えて、海峡のこちら側では、リビュアをエジプトまで、ヨーロッパをテュレニア[16]まで支配していた。この勢力がかつて一団となって、あなた方の時も、われわれの時も、海峡の内部にあるすべての土地を一撃で隷属させることを試みた。その時、ソロンよ、あなた方の国家の [c] 力は、勇気の点でも強さの点でも、あらゆる人に明白なものになった。勇ましさと戦争の技術ですべての都市の先頭に立って、ギリシア人を指揮したり、他の国が離反した時孤立を余儀なくされ、危険の極みに陥りながらも、侵入者を制圧して勝利の記念碑を建て、まだ隷属されていなかった者が隷属させられることを防ぎ、他のヘラクレスの境界の内側に住んでいるわれわれすべてを、惜しむことなく自由の身にしてくれたのだ。

[d] しかし後に、異常な地震と洪水が何度も起こり、突如過酷な一昼夜が降りかかった時、あ

なた方の戦士はすべて、一度に大地に呑み込まれ、アトランティス島も同様に、海に没し姿を消したのだ。そのため今も、あの外洋は渡ることができず、探検もできなくなっている。島が沈んでできた泥土が、海面の間近まで迫り、航海の妨げになっているからである』」。

〈3訳注〉

（1）毎年十月から十一月にかけて行なわれるアテナイの祭り。それの三日目が、断髪（クラ）に由来するクレオティスで、この日、成人に達した子どもの髪が切られ、父親のフラトリア（胞族、家を中心とする氏族の中の集団）に披露された。

（2）ソロンは十年間の予定で外遊の途についた。その際、第二六代王朝ファラオのアマシスが支配していたエジプトを訪ねたことをヘロドトスが報告している（ヘロドトス『歴史』二巻）。

（3）太陽の神。サイスに住む人たちは、この神をアテナと同一視している。

（4）ポロネウスは河の神であるイナコスを父、海の精メリアを母として生まれた最初の人間といわれる。ニオベは、このポロネウスの妻か娘。

（5）デウカリオンはプロメテウスの子ども。堕落した人間を滅ぼすべくゼウスは大洪水を起こしたが、その妻ピュルラと共に、父のプロメテウスの勧めで作った箱船に乗って難を逃れた。後に、ギリシア人の祖となったヘレネを生んだ。

（6）父が太陽（ヘリオス）であることを知ったパエトンは、父を探しに東に向かい、父の宮殿を見出した。父に名乗りを上げ、一日だけ父の馬車を駆ることを願い出たが、不死の馬を駆るにはあまりに弱く、軌道を逸れ地上のものを焼き尽くし、ついにゼウスは雷の一撃でパエトンを殺した。

（7）「解放される」がどういう意味かについては諸説がある。エジプトにあったと古くからいわれている灌漑システムのことがいわれているのかもしれない。『クリティアス』118e を参照。これによって、ナイル河の水は氾濫することなく、制御されるのである。

（8）エリクトニオスの神話を指す。エリクトニオスは、アテナイの王。アテナとの結婚を望んだヘパイストスをアテナが拒み争ううちに、ヘパイストスの種子が大地に落ちて、ゲー（大地、地母神）がエリクトニオスを身ごもった。アテナはエリクトニオスを引き取り籠に入れ、それを開けないという約束でケクロプスの三人の娘たちに託したが、中にいた蛇を見たか、もしくはエリクトニオスが全身、もしくは一部が蛇に化しているのを見て驚き、アクロポリスから飛び降り、死んだと伝えられる。

（9）アテナ女神は槍と盾を装備していた。

（10）今日の小アジアに相当。

（11）ヨーロッパ（原語ではエウロペ）。

（12）ジブラルタル海峡。

（13）今日のエジプト以西のアフリカ。

（14）地中海。

（15）地中海のまわりに集まる三つの大陸、即ち、エウロペ、アシア、リュビアがあり、さらにそれらすべてを海が囲んでいる、と当時のギリシアでは考えられていた。プラトンはさらに、この外海を取り囲む大陸がある、と仮定している。

（16）後のエトルリア（イタリア西北部）。ここではイタリア全土を指す。

[25]

4

[e] さて、ソクラテス、以上であなたは、老祖父クリティアスが、もともとソロンの話として
語ったことを簡潔に聞いたのだ。ところで、昨日、あなたが国家と成員について話していた
時、まさに今私が話していることを思い出して驚いていた。何とも不思議な偶然から、あな
たが話したことの大部分が、ソロンがいったことから外れることなく一致していることに
[26a] 気づいたからだ。しかし、私はその場では話そうとは思わなかった。時間が経っているので、
満足に覚えていなかったからだ。そこで、私は、最初に自分の心の中ですべてを十分に復習
した上で話さなければならないと考えた。だから、すぐにあなたに頼まれたことに同意した。
今のようなどんな場合にも、もっとも重要な仕事は、何か意図にふさわしい話を提供するこ
とだが、その仕事をわれわれは十分できると考えたからだ。

[b] そこで、このヘルモクラテスがいったように、昨日もここを後にした時、この人たちにあ
の話を思い出しながらおさらいし、彼らと別れてからも、夜の間によく考えて、ほとんど全
部を思い出した。まったくもって諺でいわれているように、子ども時代に学んだことは驚く
ほど記憶に残るものだ。なにしろ、昨日聞いたことなら、そのすべてを再び思い出すことが
できるかどうかわからないが、ずっと前に聞いたことのうちの何か一つでも忘れているとす
[c] れば、大いに驚くだろう。とにかく私は、当時子どもで、話をひどくおもしろがって聞いた

[26] し、老人も私が何度もたずねたので、熱心に私に教えてくれた。だから、その話はいわば拭
い去ることができない蝋画[1]のように私の記憶に残った。さらにその上、夜が明けるとすぐに、
私だけでなくこの人たちも話せるように、まさにその話をしたのだ。
　今や本論を話す準備ができている。それも要約ではなく、私が聞いたまま一つ一つをだ。
今までの話はすべて、その話をするために話してきた。そして、あなたが昨日私たちに物語
[d] として話してくれた市民と国家を、今や現実の世界へと移し、あの都市はこのアテナイだと
し、あなたが考えていた市民は、神官が語っていたあのわれわれの本当の祖先のことだとい
おう。彼らはあらゆる点で〔祖先に〕一致し、彼らが当時実在した人物だといっても、調子
外れなことをいうことにはならないだろう。そこで、私たちが皆で一緒に分担して、あなた
が命じた課題にできるだけ見合ったものを返すことを試みよう。さあソクラテスよ、どう思
[e] うかね。今の話がわれわれの意に適ったものなのか、それとも、この話の代わりに何か別の
話を探さなければならないだろうか。
ソクラテス　クリティアス、代わりにどんな話を取り上げることができるでしょう。これは神
にゆかりがあるので、今開かれている祭りにはもっともふさわしいだろうし、これは作り話
ではなく、本当の話であることは、きわめて重大な点でしょう。その話をしないで、それと
は別の話をどこからどのように見つけることができるだろうか。そんなことはできない。だ
[27a] から、あなた方は幸運を祈って話し、私のほうは、昨日話をしたのだから、今日は黙って聞

かなければなりません。

クリティアス ソクラテスよ、あなたに出そうとわれわれが取り決めておいたご馳走の献立をどう思うかね。われわれには、まず、ティマイオスが、われわれの中でもっとも天文学に通じ、万有の本性について知ることを特に仕事にしてきたので、宇宙の生成から話を始め、人間の本性のところで話を終えるのがよいと思えたのだ。私は、その話の後で、ティマイオスが話の上で出生させた人間を受け取り、あなたのほうからは、彼らの中から特によく教育された人間を何人か受け取って、ソロンの話にも法律にも従って、裁判官であるかのようにわれわれの前へと呼び出し、彼らを、聖なる文書の伝承によってその消滅が明らかにされた当時のアテナイ人であるとして、われわれの国家の市民にするのだ。それから後は、彼らはわれわれの市民であり、アテナイ人であると考えて、彼らの話をすることになったのだ。

[b]

ソクラテス 完全で輝かしい仕方で話のご馳走を返していただけるようです。それでは、ティマイオス、慣例に従って、神々に呼びかけた上で、次の話をすることは、どうやらあなたの仕事になるね。

〈4訳注〉

（1）顔料と混ぜて溶けた蝋を熱いうちに表面に塗りつけて定着させることによって描いた絵。

[27]

5

ティマイオス　ソクラテスよ、そのことなら、いささかでも知を分かち持っている人であれば
[c] 誰でも、小さなことであれ大きなことであれ、何かを始める時にはいつも神に呼びかけるものです。だから、われわれは、万有[1]について、それがどのように生じたか、あるいは、生成することのないものなのかを何とかして論じようとしているのだから、もしも気がすっかり変になっているのでなければ、神々と女神たちに呼びかけ、われわれが語るすべてのことが、
[d] 何よりも神々の、そしてひいては、われわれの心に適うように、と祈るしかない。神々には、このように呼びかけたことにしましょう。われわれに対してはこう呼びかけなければならない。あなた方ができるだけ容易に理解することを、そして、私のほうは今の問題について私がどう考えているかをできるだけ完全に示すことができるように、と。

　さて、私の考えでは、まず最初に次のような区別を立てなければならない。つまり、常に
[28a] あるもの、生成しないものとは何か、そして、常に生成し、決してあるということがないものとは何かということだ。前者は、常に同一を保つので、理[2]とともに知性によって捉えられる。他方、後者は、生成消滅し、真にあるということが決してないので、理と合致しない感覚とともに思いなし[3]によって捉えられる。さらに、生成されるものはすべて、必ず何らかの原因によって生成しなければならない。すべてのものは、原因なしに生成することは不可能

だからである。しかし、どんなものであれ、それの造り主（デーミウールゴス）[4]が常に同一を保つものに目を向けて、そのようなものをモデルに用いて、それの形や性質を仕上げるの[b]であれば、すべてのものは、必ず立派なものとして作り上げられる。しかし、生成したものに目を向け、生み出されたものをモデルに用いれば、仕上げられたものは立派なものにはならない[5]。

さて、全宇宙（ウラノス）、あるいはコスモス、他のどんなものでも名づければもっともよく受けいれられるような名称[6]で呼ぶことにしよう――それについて、まず、どんなことについても最初に考えるべきであるとされていることについて考えなければならない。つまり、宇宙には生成の出発点というものはまったくなく、常にあったものなのか、それとも、ある出発点から始まって生成したものかということである。宇宙は生成したものである。なぜなら、それは見られるもの、触れられるものであり、身体[7]を持ったものであり、こうしたもの[c]はすべて感覚されるものだが、感覚されるもの、つまり、思いなしによって感覚とともに捉えられるものが、生成するもの、生成されるものであることは既に明らかにしたことだからだ。ところがまた、生成したものは、必ず何かの原因から生成するのでなければならないというのが、われわれの主張である。

さて、この万有（宇宙）の制作者であり父なるものを見つけることは困難であり、これを見つけても、すべての人に語ることは不可能である[8]。しかしとにかく、次のことをもう一度

［29a］宇宙について考えなければならない。つまり、宇宙の構築者は、モデルのうちのどちらを手本にしてこれを作り上げたのか。同一を保ち恒常のあり方をするものか、それとも、生成したものをなのか、ということである。もしもこの宇宙が立派なものであり、造り主が善きものであれば、永遠に目を向けたのは明らかである。しかし、口にするのも許されないことであれば(9)、造り主は生成したものに目を向けたのである。しかし、永遠に目を向けたのは誰にも明らかである。宇宙は生成したものの中でもっとも立派なものであり、造り主はおよそ原因となるもののうち最善のものだからである。そこで、宇宙はこのように生成したので、言論（ロゴス）と思慮の働きによって把握され、同一を保つものに目を向けて制作されたのである。また以上のようなら、この宇宙が何かの似像（エイコーン）であることは、大いに必然のことである。

［b］さて、あらゆることについて、その本性に適った出発点から始めるのがもっとも重要である。そこで、似像とそのモデルについては、それらを区別して、言論はそれが説明するまさにその対象と同族でもあることを説明しなければならない。つまり、永続的で確固とした、知性によって明らかにされるものについての言論であれば、言論も永続的で不変のものだが――そして、言論は論駁されることなく負かされないことが、可能な限りにおいてふさわしく、その点で欠けることがあってはならないのだが――、言論が、かのモデルに似せて作ら

［c］れているが似像でしかないものを対象としている場合には、言論の方も先の言論との比例関

係で、真実らしい（エイコース）言論[10]でしかない。つまり、「なる」（生成）に対する「ある」（実在、有）の関係が、「所信」（思いなし）に対する「真実」についての関係と同じなのである。そこで、ソクラテスよ、神々（天体）や万有の生成といった多くのことについて、われわれがあらゆる点で完全に整合的で正確に仕上げられた言論を与えることができなくても、驚いてはいけない。むしろ、話しているこの私も、判定者であるあなた方も、人間の本性しか持っておらず、したがって、こうしたことについては、真実らしい話を受け入れ、それ以上は何も求めないのがふさわしいということを思い出し、何人にも劣らず真実らしい言論を与えることができれば、満足ということにするべきである。

[d]

ソクラテス　ティマイオスよ、すばらしい。ぜひともあなたがいわれるように受けいれなければならない。とにかくあなたの序曲を私たちは驚嘆して受けいれた。だから、次に本曲を最後までやりとげてくれたまえ。

〈5訳注〉

（1）「万有」（パン、全体）は宇宙のこと。注6を参照。

（2）原語は「ロゴス」。後の箇所では「言論」とも訳した。

（3）ここで立てられた「ある」ものと「なる」（生成する）ものとの区別に対応して、前者は知性によって、後者は感覚と思いなし（ドクサ）によって捉えられるとされる。思いなしは、「～と思われる」（ドケイン）の名詞形である、感覚によって思いなされたら必ず真であるとは限らない。たとえ、正解に導かれたとしても（正しい思いなし）、言葉（理、ロゴス）によって説明することはできず、知性とは関係なく、説得されるだけである。51d-e、18の注10を参照。

（4）別の箇所では、「制作者」「父」「構築者」という言葉でいい換えられている（28c）。さらに後には「神」と呼ばれる（30a）。

（5）ここで、知性によって捉えられる実在（イデア）と、思いなされる生成とが区別される。後者は何らかの原因によって生成され、その原因である造り主が、イデアに目を向け、それをモデル（原範型）に用いれば、仕上げられたものは立派なものとなる。モデルとしてのイデアと「善」が『ティマイオス』における宇宙論の基礎である。

（6）プラトンが宇宙を指す言葉には次のものがある。ここであげられている「ウラノス」（天）、「コスモス」（「飾り」という意味の他、「秩序」という意味もある）の他、「パン」（万有、全体）がある。

（7）原語は「ソーマ」。「物体」という意味もある。宇宙は見られ、触れられるという意味で物体であると同時に、後に示されるように魂を備えたものであり、その魂が宿る「身体」でもある。

（8）その後も造り主が何かについては語られない。

（9）宇宙が劣悪で、造り主が悪しきものであれば、ということである。

（10）ここでは「真実らしい言論」（エイコース・ロゴス）と訳した。言論（ロゴス）は、それが説明する対象と同族のものである。そこで、永続的で確固としたものの似像でしかないものを対象とする時には、言論も「ありそうな」なものである。その場合、言論は、完全に整合的で、正確に仕上げられたものにはなりえない。この点に注目すると、「エイコース」は「もっともらしい」とか「蓋然的な」というネガティブな意味になる。他方、すぐ前で使われた「似像」（エイコーン）という言葉から知られるように、（コピーがモデルと）「似ている」という積極的な意味をも持っている。エイ

[29] コースは、言論の限界と、それの妥当性を同時に示しているのである。
宇宙は生成するものであり、イデアを写した似像である。この宇宙が似像であれば、それについての言論は真実ではなく「真実らしい」ものにならざるをえない。

6

[e] **ティマイオス**　それでは、構築者がいかなる原因で生成界とこの万有を構築したかを話そう。
彼は善き方だった。善き方には、どんなことについても、いかなる場合にも、妬みの心はまったく起こらないので、妬みとはまったく無縁で[1]、すべてのものができるだけ自分に似たものとして生成することを欲した。まさにこれこそ、生成界と宇宙とのもっとも決定的な始
[30a] めであることを知者たち[2]から受けいれるのであれば、そうするのがもっとも正しい受けいれ方をしたことになるだろう。つまり、神はすべてが善きものであり、悪しきものが可能な限り何一つないことを欲したのである。こうして目に見えるものをすべて受け取ったが、それはじっとしていないで調子外れに無秩序に動いていたので、これを無秩序から秩序へと導いた。秩序があるほうが秩序がないよりもあらゆる点でより善いと考えたからである。ところで、最善のものには、もっとも立派なこと以外に他のことをすることは許されなかったし、
[b] 今も許されない。そこで、神は推理して、本性的に見られるもののうち、どんなものも、知

[30] 性のないもの全体のほうが知性のあるもの全体よりも立派なものにはならないということ、さらに、知性が魂を離れて何かに宿るということは不可能であると結論づけた。[3] そこで、このように推論したので、神は本性上もっとも立派でもっとも善き作品を完成するために、知性を魂の中に、魂を身体の中に結びつけて万有を形作った。このようにして、真実らしい言論に従って、この宇宙は、本当のところは、神の先々への配慮によって、魂を持ち、知性ある生きものとして生まれたといわなければならない。

[c] ところで、以上のことが認められるとすれば、今度はさらに、話を次に進めよう。構築者は、生きもののうちの何に似せて、この宇宙を構築したかということである。さて、何であれ、元来部分的なものでしかないものに似せたと考えて宇宙を貶めないようにしよう。不完全なものに似ているものは、決して立派なものにはならないからだ。むしろ、宇宙は、他の生きもののすべてが、個別にも類別にも、それの部分であるようなものに、何にもまして一番似ていると考えよう。かの生きものは、知性によって知られる生きもののすべてを自己自身
[d] のうちに包括して持っているからである。これはちょうど、この宇宙が、われわれや、他の見えるものとして構築されたすべての生きものを包括して持っているのと同じである。つまり、神は、この宇宙を知性によって知られるもののうちで、もっとも立派であらゆる点で完
[31a] 全なものに似せようと欲し、自分自身のうちに本来自分と同類であるすべての生きものを含んでいるような、一個の目に見える生きものとして、この宇宙を構築したのである。

[b]

さて、われわれが宇宙を一つのものとして呼んできたのは正しかったのだろうか、それとも多くのもの、それどころか、無限個のものとして語るのが正しかったのだろうか。[4] もしもモデルに即して制作されたのなら、一つと呼ぶのが正しい。知性によって知られる生きものすべてを包括しているものが、別のものと並んで第二のものであるということは決してないだろうからである。なぜなら、もしもそうであれば、この二つの宇宙を包括する生きものが別になければならず、そうすると前の二つはその部分ということになり、この宇宙は前二者ではなく、それらを包括するものに似せられているといわれるのがより正しいことになるからである。だから、これがただ一つであるという点で、完全な生きものに似るために、宇宙の造り主は、二つの宇宙を作ったのでも、無限個の宇宙を作ったのでもなく、この宇宙は無比でただ一つのものとして生じ、今後もなおそのようであるだろう。

〈6 訳注〉

（1）神は妬むものであるというのが、ギリシアでは一般的な神についての見方であった。『クリティアス』113e におけるポセイドンについての記述参照。

（2）ピュタゴラス派の人を指すともいわれているが、詳細は不明。

（3）「魂」は、やがて明らかになるように、あらゆる動の始原、自動の動として、生命現象のもとにある「生命（いのち）」「生命力」である。

（4）レウキッポスやデモクリトスらの原子論者は、無数の宇宙があり、それらはすべて偶然と必然に

[31] よって発生する、と考えた。

7

ところで、生成したものは、物体的なもの、即ち、見られ、触れられるものでなければならない。しかし、火を欠いては、どんなものも決して見られるものにはならない。また、何か固体がなければ、どんなものも触れられるものにはならないが、土がなければ何ものも固体になることはできないだろう。それゆえ、神はこの万有の身体を構築し始める時、これを火と土から作ろうとしたのである[1]。しかし、二つのものは、第三のものなしにうまく結びつ[c]けることはできない。両者の中間でそれらを結びつける何か絆のようなものがなければならないからである。しかし、絆の中でもっとも立派な絆は、それが結びつけるものを自分自身ともっとも一つにするものであり、比例がそのことを本性上もっとも立派にやりとげる。と[32a]いうのは、三つの数のうち、任意の立法数なり平方数なりの間にある中項があって、初項対中項が中項対末項に等しく、逆に、末項対中項が中項対初項に等しいという関係が成り立っているとすると、その時、中項は初項にも末項にもなり、また末項と初項は両方とも中項になり、そのようにして、すべては必ず〔互いに〕同じ〔関係〕であるという結果になり、そのようになれば、すべては一つであることになるだろうからである[2]。

さて、万有の身体が、面だけで奥行きを少しも持たないものとして生じるべきだったとす[b]れば、中項は一つだけで十分で、自分と共にある項と、さらに自分自身とを結び合わせることができただろうが、実際には、宇宙は立体的なものであることがふさわしかったのであり、決して一つの中項ではなく、常に二つの中項が立体を結び合わせるのである。そこでこのようにして、神は、火と土の中間に水と空気を置き、それらが可能な限り互いに同じ比率で——つまり、火対空気が空気対水に等しく、また空気対水が水対土に等しいように——仕上げて、見られ触れられる宇宙を結び合わせ構築した。そして、宇宙の身体は、以上の理由で、また[c]以上のような数では四つのものから、比例によって調和して生み出され[3]、そのことから親和力[4]を得、その結果、自己同一的な一体となって結合し、これを結合したもの以外の何ものによっても解かれないものになったのである。

ところで、宇宙の組織は、四つのものの一つ一つについて、その全部を完全に取り入れた。つまり、構築者は、火や水や空気や土のすべてからこの宇宙を構築したのである。その際、どんなもののどんな部分も能力（可能性）も外部に残すことはしなかったが、それには次の[d]ような意図があった。即ち、まず第一に、宇宙が完全な部分から成る、全体ができるだけ完[33a]全な生きものになるようにである。またこれに加えて、そこから他の同じようなものを生じさせようとしても、それを構築する材料が何一つ残されていないので、宇宙は一つしかないことになるようにするためである。さらに、宇宙が不老無病であるようにという意図もあっ

[33] た。構築者は、熱いものや冷たいものなど強い力を持っているものが合成体を外から取り巻いて攻撃すると、時ならぬのに解体し、病気や老いを招いて衰えさせるということをよくわかっていたからである。まさにこのような理由のために、構築者はこの宇宙をあらゆ
[b] る完全なものから一つの全体的で完成した、不老無病なものとして作り上げた。

　そして、構築者は、宇宙に、それにふさわしいもの、同類の形を与えた。ところで、すべての生きものを自分自身のうちに包括するはずの生きものにとっては、自分自身のうちに、およそすべての形を含んでいる形がふさわしいだろう。それゆえ、構築者は、それを中心から端までの距離があらゆる方向に等しい球形に丸く仕上げた。これはあらゆる形の中でもっとも完結し、自分にもっとも似ているのだが、似ているほうが似ていないのよりもはるかに
[c] 美しいと考えて、丸く仕上げたのである。[5] そして、その外側をぐるり一面、すっかり滑らかに仕上げた。それには多くの理由があった。〔まず〕宇宙の外部には目に見えるものは一つも残されていなかったので、宇宙は目を少しも必要としなかった。また聞こえるものもなかったので、聴覚器官も必要ではなかった。さらに、呼吸を要求する周囲の空気もなければ、自分の中へ入る食物を受け入れたり、反対に養分が吸収されて乾いた食物を排出するための器官を持つ必要もなかった。何一つ出ていくこともなければ、どこからかそこへやってくることもなかったからである――〔宇宙の外側には〕そういうものはなかったからである――。
[d] つまり、宇宙は、自分が消費したものを自分自身の食物として提供し、すべてを自分自身の中に

［34a］

おいて、自分自身によって働きかけられ、働きかけるように仕組まれていたからである。構築者は、自足的である存在のほうが、他のものを必要とするものよりも、ずっと善いものとしてあるだろうと考えたからである。また、手も、それでつかんだり、何かに対して防御する必要はなかったので、宇宙に無駄なものをつける必要はなく、足や、総じて歩くことに役立つ何ものもいらない、と考えた。なぜなら、構築者が宇宙に割り当てた身体運動は、それに縁故の深い運動、つまり、七つの運動のうちでも、とりわけ知性や思慮の働きに属する運動だったからである。[6]それゆえ、構築者は、この宇宙を同じ場所で、また、それ自身があるその同じ場所で一様にくるくると円を描いて回転運動をするようにした。そして、他の六つの運動はすべて取り除き、宇宙がそれらの運動から影響を受けて彷徨わないようにした。このような円運動には足の必要は何もないので、宇宙を足も脚もないものとして生成したのである。

〈7訳注〉

（1）最初の宇宙論（31b-41d）では、何の説明もなく、ソクラテス以前の自然哲学において伝統的な火風水土の四つの要素が持ち出されるが、後に（48b以下）改めて宇宙生成以前の火風水土の本性が、それ自体としてはどんなものであったかというところから話がされ、これらが世界の究極的な構成要素であることが否定される。宇宙はただ要素の集まりではなく、統一したものであり、それがどのような意味でそのようであるのかが説明されなければならない。

（2）2、4、8の等比数列を例にとれば、「初項対中項が中項対末項に等しく」（2:4=4:8）、「逆に、末項対中項が中項対初項に等しいという関係が成り立っているとすると」（8:4=4:2）「その時、中項は初項にも末項にもなり（4:8=2:4）、また末項と初項は両方とも中項になる」（4:2=8:4）。

（3）二つの平方数を結びつけるためには、中項は一つだけでいいが、物体とその構成要素は、三次元の立体なので、立法数によって表されなければならない（例えば、2×2×2）。そこで二つの立法数を結びつけるためには、二つの中項が必要になる。ここであげられているもので説明するならば、火と土を結びつけるためには、二つの中項、即ち、水と空気が必要であるということである。

（4）親和力（ピロテース）は、エンペドクレスの自然哲学において重要な役割を果たす。エンペドクレスは、火風水土を四つの「根」として、他のものに変化しないものとして固定し（A↓Bの自明性はエレア派によって否定されたからである）、「親和力」によってこれらが混合する、と考えた。しかし、親和力によって混合するだけでは、宇宙は同質なものになって静止することになるので、エンペドクレスは「親和力」の他に「争い」（ネイコス）という作用を考えた。

プラトンは、異質のものを結びつける要因として、この「親和力」に代わって、比例を持ち出したのである。cf.53b（形と数による秩序づけ）。

『ゴルギアス』では次のようにいわれている（508a）。「賢者たちは、天も地も、神々も人間も結びつけているのは、共同、友愛（ピリア）、秩序、節制、正義である、といっている。そのため、この宇宙の総体を「コスモス」（秩序）と呼んでいる」。

（5）ある形が別の形よりも美しいというような考え方は現代人には奇異に思えるが、目的論的に考えるこの時代の人にとっては容易に受け入れられた。

（6）七つの運動の一つは、回転運動、他の六つの運動は、上、下、左、右、前、後に向かう運動である。

8

[34] さて、以上のすべてが、常にある神が、やがてあることになる神[1]について推理したことであり、それに従って、神は滑らかで、均質で、中心からどの方向へも距離が等しく、完全な物質から成る全体的で完結した身体を作った。そして、魂をその中心に置き、それを全体を[b] 貫いて引き延ばし、さらに外から身体を魂で覆い[2]、円を描いて回転する丸い唯一の宇宙を据えた。しかし、宇宙は、その徳のゆえに、自ら自分と交わることができ、他のものを何一つ必要とせず、自分だけで十分に自分の知己、友になりえたのである。こうして、これらすべてのことによって、宇宙を幸福な神として生み出したのである。

ところで今、魂について語るのが後まわしになっているのだが、神も魂をそのように生まれが〔身体よりも〕新しいものとして作ったのではない。もしもそうであれば、両者を結び[c] つけた時に、神は年長のものが若いものに支配されるということを許さなかっただろうからである。しかし、われわれは偶然的なものに与っているので、いきあたりばったりに語りもするが、神は、魂は主人、支配するものであり、身体は支配されるものとして、魂を、生まれの点でも、徳の点でも、身体よりも先なるもの、年長のものとして、次のようなものから[35a] 次のような方法で構築した。

[35] 即ち、神は、分割できず常に同一を保つ「有」と、他方、身体（物質）において生じる分
割できる「有」の間に、その両者を混ぜ合わせて第三の種類の「有」を作り、さらに「同」
と「異」の本性についても同様に、それらのうちの不可分なものと物体において生じる分割
可能なものとの中間に〔第三種の混合物を〕構築した。そして、この三つ（第三種の有、同、
異）を取り上げると、混ぜ合わせて、すべてを一つのものにした。その際、混じりにくい異
[b] を強いて同に適合させた。そして、これらを有と一緒に混ぜ、三つのものから一つのものを
作った後、[3]その全体を適切な数に、しかも、それぞれを同と異と有から混ざり合っているよ
うに区分して、神は次のように配分し始めた。
まず、全体から一つの部分を切り離した。次に、それの二倍の部分を、さらに第三の部分
に、第二の部分の一倍半で、第一の部分の三倍に当たる部分を、第四の部分に、第二の部分
[c] の二倍を、第五に、第三の部分の三倍を、第六の部分に、第一の部分の八倍を、第七の部分
に、第一の部分の二十七倍をというふうに切り離した。[4]
[36a] そして次に、この二倍ずつの合間と三倍ずつの合間を、元の混合物からなお部分を切り
取っては、それらの間に置くという仕方で埋めていったのだが、それは、それぞれの合間に、
次のような二つの中項があるようにするためにである。その一つは、両端の項のそれぞれに
対して、そのどちらにとっても等しい割合を占める分だけの差をもって初項を超過し、末項
によって超過されるものであり（調和中項）、もう一つは、数的に等しい差（同じ数）で一

方の項（初項）を超過し、他方の項（末項）によって超過されるものである（算術中項[5]）。
[b] さて、このような結合項を入れると、それによって、先の合間に、$\frac{3}{2}$、$\frac{4}{3}$、そして$\frac{9}{8}$の合間が生じるので、今度は、$\frac{4}{3}$の合間を$\frac{9}{8}$の合間で全部、埋め尽くしていった。すると、これらの合間のそれぞれに一つの合間を残すことになり、こうして残された分数の合間は、数の比でいって、両端の項が$\frac{256}{243}$になるものだった。こうして、これらのものが切り取られたもとの混合物は、以上ですべて使い尽くされてしまった[6]。

そこで、神は組織の全体を縦に二つに裂き、それぞれの真ん中と真ん中を、互いにχのよ
[c] うにあてがい、それぞれが一つの円を作るように曲げ、それぞれが先の接合点の真向かいで、自分自身とも、互いに相手とも結びつくようにした。そして、同じ場所で一律に回る運動にこれらを巻き込み、そして、二つの円の一方を外側に、他方を内側にした。そして、外側のほうを「同」の運動に、内側のほうを「異」の運動に定めた[7]。そこで、同の運動は辺に沿って右向きに、異の運動は対角線に沿って左向きに回転させ、同、即ち、一様であるものの
[d] 回転運動に主権を与えたのである。つまり、この運動のほうは分割されていない一つのままにしておいたのだが、内側のほうは、二倍、三倍の比をなす、それぞれ三つずつある合間に従って、六カ所で七つの不等な円[8]に分け、それらの円が互いに逆方向に動くようにした[9]。また三つのもの[10]を同じ速度で、他の四つ[11]は、互いの間でも他の三つとも違った速度で動くようにした。しかし、それらの運動は互いにすべて釣り合って［比例して］動くように定めたの

である。

〈8訳注〉

（1）宇宙万有のこと。

（2）ここで、宇宙の身体（物体）の構成について先に語られていること、身体に魂が宿るというい方がされていることから、身体が先に形成されたと考えてはならない。すぐ後に明らかにされるように、まず魂が形作られるのである。ここで「外から身体を魂で覆い」といわれていることから知られるように、魂は宇宙の中心を貫き、全体を外から包む。その意味で魂は宇宙全体に行き渡っているのである。

語られる順序はたしかに物体が先であるが、物体があるだけでは動は発生しない。魂こそが動の起源となるものなのであるから、魂こそが原理的に先在するのである。

（3）宇宙全体の魂の構造と、人間の魂の構造はパラレルな関係にある。宇宙の魂について「有」「同」「異」といわれていることは、人間の魂のレベルでは、「ある」ものについて、それが他のものと「同じ」なのか、あるいは、「異なるのか」という判断ができるということである。

人間の魂は、宇宙の魂について次にいわれているように、

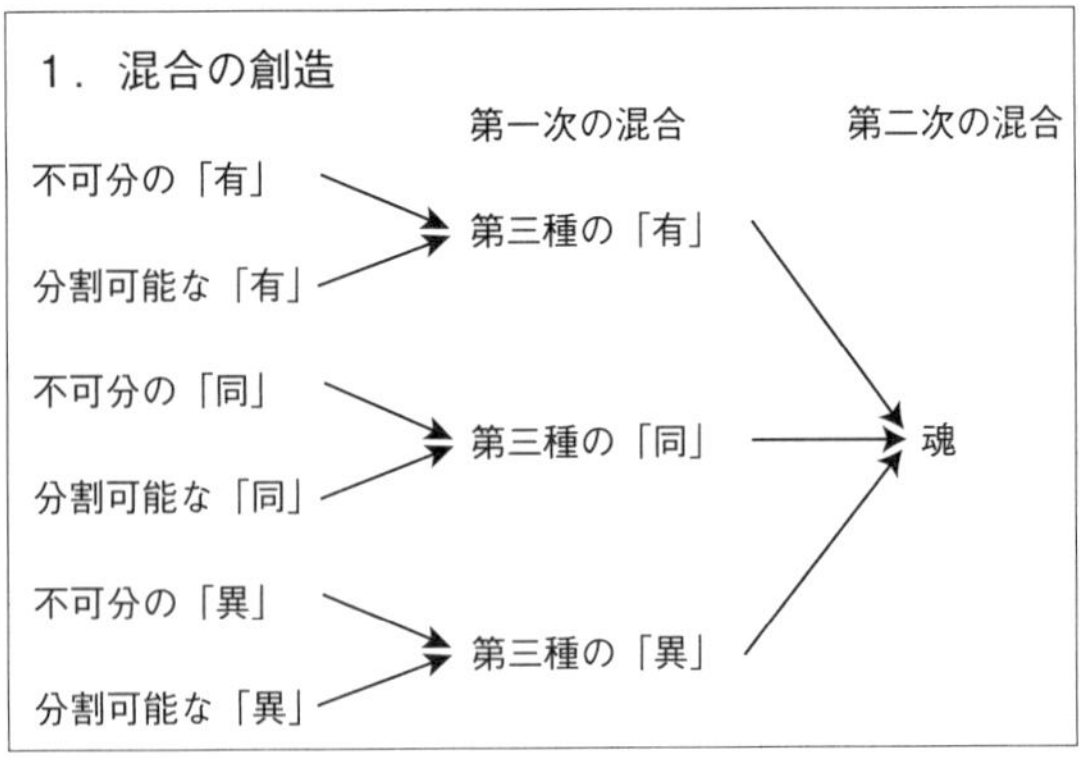

不可分の「有」と分割可能な「有」との混合から構成されているので、不可分の有（イデア）に触れることもあれば、個物（分割可能な有）に触れることもある。そして、それが他のものと同じか、それとも異なるのか、またどんな点でそうなのかということを判断する。その際、イデアに触れるのであれば、魂がなす判断は知識となり、個物であれば真なる思いなしになる。

宇宙の魂は次の三つの段階で構成される（前頁下図）。

（4）2．混合の分割。こうして、1-2-3-4-9-8-27という数列ができる。

（5）前述の数列を、ティマイオスは、1-2-4-8と1-3-9-27という二つの数列として扱う。そして、これらの合間を調和中項（$\frac{2ab}{a+b}$）と算術中項（$\frac{a+b}{2}$）によって埋めていくのである。

（6）3．混合の埋め合わせ

最初の数列に二つの中項を埋めていくと、

1 – $\frac{4}{3}$ – $\frac{3}{2}$ – **2** – $\frac{8}{3}$ – 3 – **4** – $\frac{16}{3}$ – 6 – **8**

同じことを、二番目の数列で行うと、

1 – $\frac{3}{2}$ – 2 – **3** – $\frac{9}{2}$ – 6 – **9** – $\frac{27}{2}$ – 18 – **27**

という数列ができる。

この二つの数列を重複を省略して結合すると、次のようになる。

1 – $\frac{4}{3}$ – $\frac{3}{2}$ – **2** – $\frac{8}{3}$ – **3** – **4** – $\frac{9}{2}$ – $\frac{16}{3}$ – **8** – **9** – $\frac{27}{2}$ – **18** – **27**

この数列のそれぞれの項は、それに先立つ項の$\frac{4}{3}$、$\frac{3}{2}$あるいは$\frac{9}{8}$である。$\frac{4}{3}$の合間（例えば、1と$\frac{4}{3}$、$\frac{3}{2}$と2など）はそれ自体が$\frac{9}{8}$で埋められる。例えば、1と$\frac{4}{3}$の間に

[36]

は、その前の項に9/8を掛けた新しい合間を埋めることができる。しかし、これは二回までしかできない（$1-\frac{9}{8}-\frac{81}{64}\cdots\frac{4}{3}$）。三回目（$\frac{81}{64}\times\frac{9}{8}=\frac{729}{512}$）は3/4を超えてしまうからである。81/64と3/4の間は、掛ければ81/64が3/4になる数、つまり、256/243によって埋められる。

（7）4.「同」と「異」の円の創造。以上のように整えられた組織の全体が縦に二つに裂かれ、それぞれの截片の真ん中と真ん中が相互にあてがわれ、それぞれの接合点が結びつけられる。そして、外側が「同」の円、内側が「異」の円とされる。

（8）月、太陽、古代人に知られていた五つの惑星である水星、金星、火星、木星、土星の軌道に対応する。

（9）ここで、ティマイオスが天球ではなく「円」という言葉を使っていることから、渾天儀を見て語っているように見える。渾天儀においては、天球は帯の上に並んでおり、それを宇宙の外に立っているかのように観察することができる。

外側の円は、天の赤道、内側の円は黄道に相当する。

（10）太陽、水星、木星。

（11）月、火星、木星、土星。

9

[e]

さて、魂の組織全体が構築者の気に入るようにできあがると、次に身体的なもののすべてを魂の内側に組み立てていき、両者の中心と中心を結びつけ、適合させていった。そして、

[37a]
魂はその中心から宇宙の果てまであらゆるところで身体と織り合わされ、身体を外側から覆い、自ら自分の中で回転しながら、絶え間のない知的な生の神々しい始まりを全時間にわたって踏み出したのである。

そして、宇宙の身体は目に見えるものとして生み出されたのだが、魂自体は、見えなかった。しかし、魂は、数理と調和に与っているので、知的で常にあるもののうちでもっとも優れたものによって生み出され、その生み出されたものの中でもっとも優れたものだった。

さて、魂は三つの部分である同と異と有とから混ぜ合わされ、また比率に従って分割、結合され、さらに自分で回転して自分自身へと帰るので、それが何か解体されうるものに触れる時も、何か分割できないものに触れる時も、自分自身の全体の中を動く。そして、何が何と同じか、何から異なっているか、とりわけ、何との関係で、どこで、どのようにして、いつ、同や異であったり、あるいは、それぞれの状態になるという結果になるのかを語るのである。

[b]
このことは、生成する領域の各々のものについても、常に同一を保つものについても当てはまる。そして、異についても同についても、変わらず真となる言論が、自分自身によって動かされるものの中を音も声もなく運ばれる時は、一方でそれが感覚の対象に関わり、異の円が正しく進行して、宇宙の魂全体にこれを伝える場合には、確実で真なる思いなしと所信が生まれ、他方また、推理の対象となるものに関わり、同の円が滑らかに動いて、これを明らかにする場合には、必然的に、知性と知識が完成される。しかし、どんなものであれ、

[c]

[37] この二つが何か魂以外の中に生じるという人があれば、その人のいうことは、真実ではない。

10

[d] ところで、宇宙を生み出した父は、それが動き生きていて、永遠なる神々[1]の神殿になっているのを認めた時、喜んだ。そして上機嫌で、もっとよくモデルに似たものに仕上げようと考えた。そこで、モデルそのものは、永遠なる生きものなので、万有をもできるだけそのようなものに仕上げようとした。ところで、永遠であることがその生きものの本性だったが、生み出されたものに永遠という性質を完全に付与することはできなかった。それにもかかわらず、神は、永遠を写す何か動く似像を作ろうと考えて、宇宙を秩序づけるのと同時に、一のうちに静止している永遠[2]を写す、数に即して動く不滅のその似像を作った。

[e] この似像をわれわれは「時間」と名づけたのである。というのは、宇宙が生じる前は、昼も夜も、月も年も存在しなかったのだが、神は宇宙を構築したのと同時に、それらの生成を仕組んだからである。これらすべては時の部分であり、「あった」と「あるだろう」は、時の種類として生じた。これらをわれわれは気づかずに誤って、永遠の有に適用している。つまり、われわれは、その永遠の有が「あった」「ある」「あるだろう」といっているが、「あ
[38a] る」だけが正しい言い方としてふさわしく、「あった」と「あるだろう」は、時間の中を進

行する生成についていわれるのがふさわしいのである。なぜなら、この二つは動きだからである。しかし、動くことなく常に同じであるものは、時の経過と共に、年老いていくことも若くなることもない。つまり、かつてなった（生成した）ことも、今なってしまっていることも、今後あるだろうということもないのである。総じて、生成が、感覚内で運動している事物に付与したどんなことも、同一を保つものにはふさわしくない。むしろ、それらは永遠を模倣し、数に即して円運動をする時間の様相として生じたのである。さらにわれわれは、次のようなこともいっている。即ち、なったものはなったので「ある」とか、なりつつ「ある」、さらには、あるであろうものは「ある」であろうとか、あらぬものはあらぬので「ある」といっているが、これらの表現はどれも正確ではない。しかし、こうしたことについて今詳細に論じることは、おそらく時宜を得たことではないだろう。

［b］

〈10訳注〉

（1）天体を指す。
（2）宇宙は一のうちに静止している永遠の性質を完全に付与されなかったので、それはまた時間がその中において現れる多という性質をも併せ持たなければならないのである。

11

[38] しかしとにかく、時間は宇宙と共に生成したのだが、それは両者が共に生み出されたように、いつか宇宙と時間の解体が起こるとすれば、その時、両者が共に解体するためでもある。[c] そして、時間が永遠をモデルとして生じたのは、宇宙ができるだけそのモデルに似るためだったのである。モデルは全永遠にわたってあるものだが、他方、宇宙は全時間にわたって、終始、あったもの、あるもの、あるだろうものだからである。

神は時間の生成に対してこのようなことを考え意図した。そこで、時間が生み出されるために、太陽と月、そして「彷徨する星（惑星）」と呼ばれる他の五つの星[1]が、時間の数を区分し、これを見張るものとして生じた。そこで、神は、それぞれの星の身体を作ると、それらを異の循環運動がめぐっていた円軌道へ置いた。つまり、七つある円軌道へ七つある身体[d]を置いたのである。そこで、月は地球をめぐる第一の軌道へ、太陽は地球のまわりの第二の軌道へ、また暁の明星（金星）やヘルメスに捧げられたといわれる星（水星）は、太陽と同じ速度で回転するが、しかし、太陽とは逆に向かう力を持った軌道に置いた。そのため、太陽とヘルメスの星（水星）と暁の明星（金星）は、同じように、互いに追いついたり追いつかれたりするのである。しかし、他の星については、神がそれらをどこに、そして、どんな[e] 理由で据えたかは、もしもすべてを詳しく説明すれば、その話は主題からは逸れているのに、そのために語られる本論よりも厄介なものになるだろう。だから、それらのことについては、おそらくまた後に暇な時間がある時に、しかるべき説明をすることにしよう。

[39a] とにかく、共に時間を作り出さなければならなかった天体の各々が、自分にふさわしい運動に到達し、魂を持った絆で結ばれて生きものになり、課せられた役目を学んでしまうと、傾斜した、同の運動と交差し、その運動に支配される異の運動に従って回転し始めた。そのあるものは、大きな円を、あるものは小さな円を、また、後者はより速く、前者はより遅く回った。しかし、もっとも速く回るものは、実際にはそれより遅く回るものに追いつくのに、同の運動のために、逆に追いつかれるように見えた。というのは、それらの円は、同時に相反する方向に向かって二重の前進運動をすることになるので、同の運動が、それらの円のすべてを螺旋状に捩じ曲げることになり、そのため、本当は同の運動からもっともゆっくりと離れて行くものが、もっとも速く動く同の運動からもっとも近いように見えるようにしたからである。

[b] そして、それらの相対的な遅さと速さに何か目立った測りがあるように、そして八つの運動が進行していけるように、神は地球をもとにして、そこから第二番目の軌道に光を点じた。それをわれわれは今、太陽と呼んでいるのだが、神がそのようにしたのは、太陽ができるだけ全宇宙を照らし、しかるべき生きもののすべてが、同にして一様なものの回転運動から学んで、数を分有するためだったのである。そのようにして、そしてそのような理由で、夜と [c]

[39] 昼という、単一でもっとも知的な円運動の周期が生じた。また、月が自分の円を回って太陽
に追いつくと一《ひと》月が経ち、太陽が自分の円を回ると一年が経つのである。
しかし、他の星々（五つの惑星）の周期については、わずかな人は別として、多くの人は
[d] 気づいていないので、それに名前をつけることも、相互関係を数で測定して考察してもいな
い。だから、彼らはそれらの星々の彷徨が、手も着けられないほど多く、驚くほど込み入っ
ているとしても、時間であるということをまったく知らないのも同然なのである。しかしそ
れにもかかわらず、時間の完全数が、八つある循環運動のすべての相対的な速さが同時に完
了され、一様に動く同の円によって計られて完成に到達する時に、完全年を満たすというこ
とは理解できる。(2) そのようにして、そしてこのような目的のために、星々の中で宇宙を通っ
[e] て進行する時に回帰点を持つものが生み出されたが、それはこの万有が永遠を模倣すること
で、完全で知性の対象となる生きものにできるだけよく似るためだった。

〈11訳注〉

（1）金星、水星、土星、木星、火星。

（2）完全数というのは、地球をめぐる八つの天体が同時に元の出発点に戻るのに要する時間を指している。

12

そして、時間が生成される前までは、この宇宙は、他の点ではそれが似せられたモデルに似たものとなるように作り上げられていたが、まだ自分の内に生じることになっていたすべての生きものを包括していなかったので、その点ではなおモデルに似ていなかった。そして、神は作品の残された部分を、モデルの本来あるがままの姿にかたどって作り上げようとした。そこで、神は、知性がまさに生きものであるもののうちに含まれているのを見て取るのと同じ種類と数の生きものを、この宇宙も持たなければならないと考えた。すると、四つの種族があることになる。まず、神々からなる天なる種族、次に、翼を持ち空中を飛ぶ種族、第三 ［40a］に水中に棲む種族、陸に棲み歩行する種族が第四番目である。さて、神的な種族の姿は、できるだけ輝かしく美しく見えるように、その大部分を火から作り上げた[1]。そして、万有に似せて丸くし、至高なるものの知[2]へと置き、それに同伴させた。その際、この種族をそれが宇宙のまさしくコスモス（飾り）となって、全体にわたって散りばめられているように、宇宙全体へと一面に配分した。そして、天の種族の各々に二つの運動を割り当てた。一つは、同じ場所を一律に動く回転運動で、それによってその種族のものは、常に同じ事柄について、［b］終始変わらず同じことを考えることができる。もう一つは、同にして一様な回転運動に支配されている前へと動く回転運動である。しかし、〔他の〕五つの運動[3]については、神は、そ

[40] れらの各々ができるだけよいものであるために、これらを不動で、静止したものにした。

このような原因から、星々の中でも常に変わらず彷徨しないもの——同じ場所で一様に回転する神的で永遠の生きものが生まれたのである。他方、回帰したり、先にいわれたような意味で彷徨する星々は、前に述べられたように生じた[4]。

[c] さらに、神は大地を、われわれの養い手として、同時に、万有を貫いて伸びている軸のまわりを旋回しながら、夜と昼を作り出し、これを見張るものとして仕組んだが、この大地は、宇宙の中で生じた神々（天体）の中で最初のもので最年長だった。

まさにこれらの神々の舞踊運動とそれらが互いに並列すること、それらの円軌道の相対的な逆行[5]と前進、さらに合[6]において神々のうちどんなものが互いに結びついて並び、どれだけ
[d] のものが反対の位置にくるのか、そして、どんな順序でどれだけの期間をおいて互いやわれわれの面前に立ちふさがり、再び現れて計算で予測することができない人々に怖れや起こるであろうことの兆《きざし》を送ることになるのか——このようなことについては、目に見える模型を使わずに話しても徒労になるだろう。それよりも、こういったことは以上の通りでもう十分であり、目に見え生成される神々の本性についての話は、これで終わったことにしておこう。

〈12訳注〉

（1）恒星のこと。

（2）同の運動を指す。
（3）上、下、左、右、後ろに向かう運動。
（4）39a,d.
（5）プラトンは惑星の逆行運動のことを知っていたのであろう。惑星は恒星と相対的に動くが、時に止まって、逆行し、再び止まって、また動く。
（6）月食や日食の場合のように、地球から見て二つの天体が同一直線上に並ぶことを指している。

13

さて、他の神霊について、それがどのように生じたかを知って語ることは、われわれの分を超えているので、このことについて以前に語った人を信用しなければならない。彼らは、彼らがいうところでは、神々の子孫であり、彼らの先祖のことをはっきりと知っているというのだ。ともかく、たとえ彼らがそれらしい証明や必然的な証明なしに語っていても、神々の子どもを信じないことは不可能である。むしろ、彼らが自分たちがよく知っていることを報告していると主張していると考えて、慣例に従い、彼らを信じなければならない。［e］そこで、彼らによれば、神々は次のように生まれ、語られたとしよう。ゲー（大地）とウラノス（天）からオケアノスとテテュスが生まれ、この二神から、ポルキュスとクロノスとレア、さらにその仲間が生まれた(1)。そして、クロノスとレアから、ゼウス、ヘラ、そして、彼らの［41a］

[41] 兄弟と呼ばれているのをわれわれが知っている神々のすべてが生まれ、さらに、その他彼らの子孫も生まれた、と。しかし、円運動をしていることが明らかな神々（天体）も、姿を現すのは自分が望む時だけである神々(2)も、そのすべてが生成した時、この万有を生んだ神は、彼らに次のようにいった。

「造り主であり父である私の神的な仕事〔の成果〕である神々よ、私によって生じたもの
[b] は、私の意志によらなければ解体されない。結ばれたものはすべて解かれうるが、見事に調和し結びついているものの、好調なものを解こうとするのは、悪しきものの意志である。それゆえ、あなた方は生み出されたものである以上、決して不死でも解かれないものでもないが、しかし解かれることも、死の定めに与ることもないだろう。なぜなら、あなた方は、生まれた時に結ばれた絆よりも、私が意志したことをさらに大きく権威のある絆として受け取っているからである。

だから今、私があなた方に伝えて語ることを学びなさい。死すべき種族の三つが、いまだ生成されずに残っている(3)。それらが生じなければ、宇宙は不完全なものであろう。なぜなら、
[c] その時、宇宙は自らのうちに生きもののすべての種族を持たないことになるが、もしも十分に完全であろうとすれば、すべてをその中に持たなければならないからである。しかし、それらが私によって生まれ生命に与れば、神々に等しいものになるだろう。したがって、それらの種族が死すべきものになり、この万有が真に万有であるために、あなた方はあなた方の

本性に従って、あなた方を生み出した際に示された私の働きを真似て、生きものの制作に向かいなさい。それらの生きものの中には、不死なる神々と同じ名前で呼ばれるのがふさわしい限りにおいて神的と呼ばれ、彼らのうちにあって常に進んで正義とあなた方神々に従おうとするものたちの導き手となるもの(4)があるが、これは私が種を蒔きその手始めをなした上で、あなた方に譲り渡そう。それから後のことについては、あなた方が不死なる部分に死すべき部分を織り合わせ、生きものを作り上げよ。生み出せば、栄養を与えて生長させ、衰えれば、これを再び受けいれよ」 [d]

〈13訳注〉

(1) この系譜はギリシア神話において典型的なものであるが、ここでティマイオスは、オルペウスやムサエウスらに帰せられる神々の系譜を語る人たちを慣例に従って信じなければならないと皮肉たっぷりに語っている。

(2) 伝統的な神々のこと。

(3) 天上の生物は既に神々として作られた。残る、空中、地上、水中の生物を作ることは、この神々に委ねられる。

(4) 魂を指す。

[41]
14

神は以上のことをいって、先に万有の魂を調合して混ぜ合わせた杯に再び前回の残りを注
いだ。その際、いくらか同じ方法で混ぜたが、もはや前とは同じ割合でではなく、純度も二
段も三段も劣ったものだった。こうして、全体を構成すると、星と同じ数の魂に分割し、そ
の魂の各々をそれぞれの星に割り当て、馬車に乗せるように乗せると、万有の本性を示し、
[e] 彼らに運命として定められた法を布告した。即ち、最初の出生は、すべての魂にただ一種の
もののみが指定されているが、それはいかなる魂も、神によって不利に扱われることがない
ためである。そして、それぞれの魂は、それぞれにふさわしいそれぞれの時の道具[1]へと蒔か
[42a] れると、生きものの中でもっとも神を敬うものに生まれなければならない。この人間の本性
は二つあるが、その優れたほうは後には「男」と呼ばれるであろう種類のものである。

そこで、魂が必然的に身体の中へと植えつけられ、その身体に、あるものは付け加わり、
あるものはそこから離れるが、そのような時には必然的に、まず第一に、すべての魂に一つ
の感覚が、強制された受動の状態から生まれつきのものとして生じ、第二に、快と苦が交
[b] じった愛（エロース）が、さらにそれに加えて、恐怖や怒り、またそれらに付随するものや、
それらとは反対のものが生じるだろう。そして、そのようなものを克服すれば、正しく生き
ることになるが、他方、それらに征服されたら、不正な生き方をすることになるだろう。そ

[c] して、しかるべき時間をよく生きた人は、再び自分が割り当てられた星の住処に帰って、幸福な、生来の性にあった生活をすることになるだろうが、そのことに失敗すれば、第二の誕生では女として生まれるだろう。そして、このような状況にあって、なお悪を止めなければ、堕落する仕方とその性格の成り立ちに応じて、何か野獣の性に絶えず変化し、自分自身のうちにある同にして一様なものの回転運動の中へ、後から付加されて生じた、火、水、空気、土から成る大きな塊を引っ張り込んで一緒にし、その騒々しい理をわきまえないようなものを、論理と言葉によって制御し、最初の最善の状態に到達するようになるまでは、変転を重ね、労苦が止むことはないだろう。

[d] 神はそれ以後魂のそれぞれが持つ悪には責任がないように、これらすべてを魂に命じた上で、ある魂を地球へ、ある魂を月へと、さらにあるものをその他すべての時の道具へと蒔いた。そして、蒔き終わると、次のことは若い神々に託した。即ち、死すべき身体を形作ること、人間の魂でなおも付け加わって生じなければならなかった残った部分とそれに付随するすべてのものを作り上げてこれを支配すること、そして、死すべき生きものを、それが自分で自分自身の悪の原因とならない限りは、できるだけ立派によく操ることをである。

[e]

〈14訳注〉

(1) 惑星のこと。

[42] 15

神は、これらすべてを手配してしまうと、自分の性に合った常の生活に戻り、そのままと
どまっていた。しかし、神はそのままとどまっていても、神の子どもたちは父の命令を理解
してそれに従った。そして、死すべき生きものの不死な始原を受け取ると、彼ら自身の制
作者を真似て、火、土、水、空気の部分をまた返すという条件で宇宙から借りて、受け取っ
[43a] たものを一つに結びつけていった。その際、彼ら自身が結び合わされた絆によってではなく、
小さくて目に見えない多くの鋲で熔接していき、それぞれの身体の一つ一つをすべての材料
から作り上げ、不死なる魂の循環運動を流れの満ち干きする身体の中へと結びつけるように
したのだった。

これらの魂の循環運動は、強大な河[1]に結びつけられると、その河を打ち負かすこともそれ
[b] に打ち負かされることもなく、無理矢理運ばれたり運んだりした。その結果、全体としての
生きものは、たしかに動いたが、六つの動きをすべて得て、秩序もなく合理的にではない仕
方で、行き当たりばったりに進むことになった。即ち、前に後ろに、また右や左に、上や下
に、この六つの方向をあらゆる仕方で彷徨って進んだのである[2]。

というのは、養分をもたらす波も、押し寄せたり退いたりして、大きなものだったが、さ

らに大きな騒ぎを、それぞれの生きものにぶつかってくるものがもたらす諸性質によって引
[c] き起こしていたからだった。このようなことが起こるのは、何かある生きものの身体が自分
のではない外からの火に出くわして衝突したり、土の硬い塊や水の湿った滑らかな面にぶつ
かったり、あるいは、空気によって運ばれてくる突風に襲われ、それらすべてのものによっ
て、それらの動きが身体を通って魂にぶつかる時である。そして、このような動きは、この
ような理由で、後にそして今もなおまとめて感覚と呼ばれるようになったのである[3]。

そしてとりわけ今、われわれが話している時、そのような動きは、絶え間なく流れている
[d] 水路と共に、魂の円運動を激しく動かしたり揺すぶって、もっとも広範囲で強い動きをもた
らし、一方で同の軌道とは逆方向に流れることによって、それを完全に縛って支配と進行を
妨げた。他方、異の軌道も混乱に陥れた。その結果、それぞれ三つずつある二倍、三倍の比
をなす合間を、またそれらを結びつける3/2、4/3、9/8の比率の中項をも[4]、これらは
[e] 結合した神によってしか解かれなかったのだが、ありとあらゆる仕方で捻じ曲げ、また可能
な限りありとあらゆる仕方で、円を歪めたり形を損った。その結果、軌道は何とか互いに
くっついて動いていたが、不合理な仕方で、ある時は後ろ向きに、ある時は横道に逸れ、ま
たある時には、逆立ちをして動いた。ちょうど人が逆立ちをして頭を大地の上に支え、足を
上にして何かにもたせかける時、この状態においては、逆立ちをしている人とそれを見てい
る人のいずれにも、相手の右側が左側に、左側が右側に見えるようなものである[5]。

[44a] 魂の循環運動はまさにこれと同じか、何かそのような害を大いに被っている。そして、それが何か外部の同や異の類に属するものに出くわす時、真実は逆なのに、何かと同じとか、あるいは何かと異なると呼ぶことで、誤った、知性を失ったものになっている。また、この時、その軌道の中では何一つ支配しているものも指導しているものもない。しかし、何かの感覚が外からやってきて軌道にぶつかり、魂の容器全体をも引っ張っていく時は、魂の軌道は支配されているのに支配しているように見える。そして、これらすべてのことを受けるので、当初も今も魂は死すべき身体へ結びつけられると、最初は知性を欠いた（愚かな）ものになるのである。

[b] しかし、成長と養分の流れが衰え、魂の循環運動が再び平静を取り戻し、自分自身の道を行き、時が進むにつれ次第に安定してくれば、その時、それらの軌道は、それぞれの円が自然に動く時に取る形に従うよう正され、異も同も正しく呼ぶことになって、こうしてそのような魂を持つ人を思慮ある人にするのである。実際、何か正しい養育が教育を助けるのであれば、人は最大の病を逃れてまったくもって完全で健全になる。しかし、なおざりにすれば、人生を足を引きずって送り、不完全で（秘儀を受けず）(6) 知性を欠いたまま冥府へと再び戻って行くことになる。

[c] しかし、このようなことは、後になって起こることである。今問題になっていることを詳しく話さなければならない。そして、それに先立つこと、即ち、身体の部分ごとの成り立ちや、

[d]
また魂について、それがどんな原因によって、また神々のどんな先々の配慮によるのかを、最大限に真実らしい言論にしがみついて、そのような仕方で進みながら話すことにしよう。

〈15訳注〉

（1）身体の運動を指す。
（2）生まれたばかりの生きものの動きのことである。最初の感覚によって魂の中に創り出される混乱が、以下に語られる。
（3）感覚（アイステーシス）という言葉をアイッソー（突進する）という言葉と（不正確に）語源的に結びつけているのか。
（4）8の注6を参照。
（5）もしも二人（AとB）が向かい合って立てば、Bの右はもちろんAの左に向き合っている。しかし、もしもAがBに対面したまま逆立ちをすれば、Bの右はAの右と向き合っている。通常の関係が転倒するのである。
（6）エレウシウスの秘儀で使われる言葉。秘儀を受けない者はハデス（冥府）で苦しむ、とされる。

16

さて、神々は宇宙の丸い形を真似て、二つの神的な循環運動を球形の身体に結びつけた。それを今われわれは頭と呼んでいる。これはもっとも神的なもので、われわれのうちにある

[44] すべてのものを支配しているのだが、神々は頭に奉仕するものとして、他の身体をそれと一
つにまとめて与えた。神々は、これがあらん限りの動きをすることになるだろうと承知して、
[e] もしも頭があらゆる種類の高低のある地面の上をころがっていくのなら、高いところを越え、
低いところから抜け出ることに困ることがないように、容易に進んで行ける乗り物として肢
体を頭に与えた。その結果、われわれの身体は細長いものになったのであり、曲げることが
できる四肢を生やしたのだが、これは前に進んでいけるように神が工夫したからである。つ
[45a] まり、その四肢を用いてつかんだりわが身を支えたりして、もっとも神的で、もっとも聖な
るものの住処をわれわれの天辺にいただきながら、あらゆる場所を通って前に進めるように
なったのである。
　このようにして、そしてこのような理由で、足と手がすべての人に生じることになった。
神々はその際、前方のほうが後方よりも立派で、支配するにふさわしいと考えて、われわれ
がもっぱらその方向へと進むようにした。そこで人間は、身体の前の部分が後の部分と区別
され違っていなければならなかった。そのため、まず第一に、頭の鉢については前に顔をつ
[b] け、魂が先のことを見通せるように、諸器官をその中に結びつけ、指導するのは本来的に前
の部分であると定めた。
　ところで、神々は諸器官のうちまず第一に光を与えるものとして眼を作り上げ、これを頭
に結びつけたが、そのために次のような原因を用いた。即ち、神々は、火のうちで焼くこと

はできないが、穏やかな光をもたらすものを、日ごとの昼間に固有の物体になるように仕組
んだのである。神々は、われわれの内側にあるそれと兄弟分の純粋の火が眼を通って流れる
[c] ようにしたのである。その際、眼の全体もだが、とりわけ、その中心をきめの細かい、滑ら
かなものに圧縮した。それは他の自分より粗大なものをすべて堰き止め、自分が純粋である
ことによって純粋な火だけを濾過するためである。そこで、視覚の流れ（視線）のまわりに
昼間の光がある時には、似たものが似たものに出て行って合体し、目から真っ直ぐな方向に
一つの均質の物体を形成した。これは、どの方向にせよ、内から出ていく火が外界で出くわ
すものと衝突し、これに抵抗を与えるところではどこでも起こる。そうすると、物体全体は
[d] 等質で同じ仕方で作用を受けることになったので、それ自体が何に触れても、あるいは、他
の何がそれに触れても、それらのものの動きを、物体全体へそれを通って魂まで伝達した。
このことが、われわれが「見る」といっている感覚をもたらしたのである。

しかし、視覚の流れは夜になって、自分と同種の火が退くと切られてしまう。異質のもの
へと出て行くと、まわりの空気は火を持っていないので、もはやそれと一体化することはで
きず、それ自体が変化して消えてしまうからである。そこで、それは見るのを止めるだけで
[e] なく、眠気を誘うものにもなる。神々が考案した保護器官である瞼が閉じると、それは内部
にある火の力を閉じ込め、内側の力を散らばらせて均らし、均らされると平静が生じるから
である。その度合いが大きければ、ほとんど夢を見ない眠りに落ちることになる。しかし、

何か大きな動きが残っていれば、それがどのようなものであり、どの場所に残っているかに[46a]応じて、それに似た性質と量の幻像をもたらすが、この幻像は、内部で似像としてかたどられ、覚めると外にあったように思い起こされるのである。

今や、イメージが鏡の中や何かを映す滑らかな面に作り出されることについて理解することは、もはや少しも難しいことではない。この場合、内と外の火の双方が互いに交わり、さらに、一体化した火がその都度滑らかな面に形成され、それがさまざまな仕方で姿を変える[b]のだが、そのようなことから必然的に、このような種類のイメージのすべてが現れるのである。即ち、顔からの火が、滑らかな光った面で視覚からの火と結び合う場合に、そのような結果が生じるわけである。また、左側が右側に見えるのは、通常の衝突の方法に反して、視覚の反対の部分に反対の部分との接触が起こるからである。しかし、右側が右に、左側が左[c]に見えるのは、光が、結びつく相手と結びつく過程で、位置を変える時である。そして、このように鏡の滑らかな面が右側も左側も高くなり、視覚の右の部分を左へ、左の部分を右へ押しやる場合に起こる。しかし、この同じ滑らかな面が顔に対して縦向きの方向に向き変えられる場合には、それはあらゆるイメージを上下逆さまに見えさせる。これが視線の光の下側を上側に、上側を下側に押しやるからである。

さて、これら[1]すべては、神ができるだけ最善の容姿を持つものを完成するべく補助に使う[d]副（補助）原因の一部である。しかし、世の大多数の人は、これを副原因ではなく、万物の本原因と見なしている。冷やしたり熱したり、凝固させたり融解させるものや、何かこのような効果を生み出すものだけを、すべてのものの〔本〕原因と見なしているのである。しかし、これらのものは、何ものにも言葉をかけることも知性も働かせることもできない。というのは、およそ存在するもののうちで、知性を持つにふさわしい唯一のものは魂であるといわなければならないからであり、この魂は、目には見えないが、他方、火や水や土や空気はすべて、目に見える物体として生じたからである。そこで、知性と知識を愛する人は、知
[e] 的な本性を持つような原因をこそ第一に追求するべきであって、他のものによって動かされ、また、他のものを必然的に動かすものに属する原因は、二の次にしなければならないのである。そこで、われわれも同じようにしなければならない。つまり、われわれは、両方の種類の原因について話さなければならないが、知性を伴って善美なものを制作する原因と、知を伴わなければ行き当たりばったりの無秩序なものをその時々に作り出す原因を区別しなければならないのである。そこで、眼が現に持っているような機能を獲得するのに役立った補助原因の話はこれで終わったことにし、次に、眼がわれわれの利益のためにしてくれている最
[47a] 大の働き、つまり、神が眼にわれわれに与えた所以のものについて話さなければならない。

　視覚は、私の考えでは、われわれにとって最大の利益の原因になっている。万有についての今の話は、もしもわれわれが星も太陽も天も見たことがなければ、何一つ語られなかっただろうからである。しかし実際には、昼と夜、月や年の循環や、春分・秋分、夏至・冬至

[47] [b] を見ることができたからこそ、数が創り出され、時間の観念と万有の本性についての探求がわれわれに与えられたのである。これらのことから、われわれは哲学を手に入れたのだが、神々から死すべき種族に、これよりも大きな善がかつて与えられたことも、今後も与えられることはないだろう。これが、私が思うに、われわれが眼から得る最大の善である。それなら、なぜわれわれはその他の些細なものについて繰り返しくどくどということがあるだろうか。知を愛し求めない人であれば、そのことを盲目になった時に「悲しみ、いたずらに嘆く[2]」だろうが。むしろ、われわれとしては、視覚が備わっていることの最善の原因と目的は、次のようなものだということにしよう。即ち、神が視覚を考え出し、それをわれわれに与え
[c] たことの目的は、天にある知性の循環運動を見て、天上の乱れなき循環運動をそれとは同族なのに乱れた状態にあるわれわれの思考作用の循環運動に役立てることであり、それを学び、自然本来に即して正しい推理計算の力を身につけ、あらゆる点で彷徨することのない神の循環運動を真似ることによって、われわれのうちにある彷徨する回転運動を正しく立て直すということである。

音や聴覚についても同じことがいえる。それらも同じことを意図して、同じ目的のために神々から贈られたのである。なぜなら、言葉はまさにその目的のために充てられ、それに最
[d] 大の貢献をしているからである。そして、文芸[3]のうち、すべて音声を聞かせるのに適しているものも、諧調（ハルモニアー[4]）のために与えられているのである。この階調は、その運動

がわれわれのうちにある魂の循環運動と同族のものであり、詩神たち(5)によって、その神々との交際が知性によって導かれている人に、今日有用だと思われているような知性を欠いた快楽のためではなく、われわれのうちにあって調子はずれな魂の循環運動のために、秩序と自分自身との調和へと導く味方として与えられているのである。さらにリズムも、同じ目的のために、ムゥサイから与えられた。なぜなら、われわれの大多数は、尺度と優雅さを欠いているからである。 [e]

〈16訳注〉

（1）副原因、何かと一緒になって原因の働きをするという意味。後に出てくる「知性と共に」は「知性と組んで」という意味になる。
（2）エウリピデス『フェニキアの女たち』一七六二行からの引用。
（3）文芸（ムゥーシケー）は、ムゥサ（詩神、注5参照）が司る技芸。狭義では「音楽」を意味する。
（4）諧調「ハルモニアー」は、琴などの楽器の調律、音階、調和の意味。
（5）ムゥーサイ。詩歌文芸を司る女神たち。単数形はムゥサ。

17

さて、これまで私が話したことは、わずかな箇所は別にして(1)、知性を通じて制作されたも

[48a] のを示したのである。しかし、必然を通じて生じるものも、これに並べて語らなければならない[2]。なぜなら、この宇宙の生成は、必然と知性の共同にもとづいて、両方の混合として生じたからである。その際、知性は必然を指導する役割を演じ、必然を説得することで、生成するものの大部分を最善へと導くようにしている。そして、このような仕方で、必然が思慮ある説得に負けることによって、この万有の最初の構成がなされたのである。そこで、もしも万有がどのようにして実際に生成してきたかを語るのなら、彷徨する種類の原因[3]についても、それが元来どのように運動を引き起こしているかを以上の話に織り込まなければならない。[b] そこで、次のようにして、もう一度後戻りしなければならず、まさにこの話題にふさわしいもう一つ別の出発点を改めて取り上げることで、以前と同様、今のこの話題について、もう一度初めから出直す必要がある。

　そこで、宇宙の生成以前の火、水、空気の本性は、それ自体としてはどんなのものであったか、それ以前にはそれらのものはどんな状態にあったかを見なければならない。なぜなら、今まで誰一人として、それらのものの生成を明らかにしていないからである。しかし、われわれは火や今あげた各々のものが、一体何であるかを知っているかのように、それらを始原として語り、これらを万有の構成要素（字母）[4]と定めているのである。

[c] 　しかし実際には、それらは、わずかでも思慮のある人であれば、音節の種類になぞらえるのも適当ではないものである。そこで今は、私からは次のようにいわせてほしい。即ち、す

べてのものの始原、あるいは諸始原、あるいはどう呼ぼうと、それらについては今は語るべきではないということである。今の叙述の方法では、私の見解を明らかにすることが難しいからに他ならない。だから、私がそのような話をするとは思わないでほしいし、私自身もそれほどの仕事を企てて、正しく試みていると自分自身を説得することはできないだろう。むしろ、最初にいわれたこと、即ち、真実らしい言論の働きを守り抜き、以前にそうしたように、それぞれのことについてもすべてのことについても、何人にも劣らず、それどころか、いっそうありそうな話をするように努めよう。[d]

では今もまた、話の始めに、めずらしくて慣れない話からありそうな見解へと安全に通っていくために、神を救い主として呼び出して、再び話を始めよう。[e]

〈17訳注〉

（1）45b-46c.

（2）これまでのところで「必然」について語られていないのではなく、必然と知性の共同は、既に宇宙生成の最初からあった。知性と対立して導入される「必然によって生じるもの」は、火・空気・水・土という素材の世界を意味する。46eでは、火・空気・水・土は「他のものによって動かされ、また、他のものを必然的に動かすもの」といわれている。

（3）彷徨する種類の原因とここでいわれているのは「必然」のこと。

（4）ギリシア語の「ストイケイア」は、言葉を表記するために使われる字母、文字という意味だが、事

[48] 物の「構成要素」という意味でも使われる。

18

さて、万有についての新しい出発点は、以前のものよりも幅広く分類されたものでなければならない。以前はわれわれは二つの種類を区別したのだが、今は他に第三の種類を明らかにしなければならない。先の話では二つで十分だった。即ち、一つは範型として仮定された
[49a] ものである。これは知性によって知られ、常に同一を保つ(1)。範型の模倣となるものが第二の種類である。これは生成し、見られるものである。その時は、第三のものを区別しなかったが、あの二つだけで十分であると考えたからだった。しかし今や、議論が、困難ではっきりしない種類のものを、言葉ではっきりすることを強いているように見える。

それは、どんな機能と本性を持っていると考えなければならないのか。何よりも次のようなものであると考えるべきである。つまり、あらゆる生成を受容するもの、乳母のようなものであるということである。これで真実が語られたことになるが(2)、それについてもっとはっ
[b] きりと話さなければならない。しかし、それは困難である。とりわけそのためには、火や他の三つのものについて予め難問を提起する必要があるからである。つまり、それらのうちのそれぞれについて、何か信用のおける確実な言葉を使って、どのようなものを「火」よりも

むしろ本当には「水」だといわなければならないものなのか、あるいは、どのようなものを、それらのうちの任意のものや、その全部のものではなく、ある一定のものと呼ばなければならないのかをいうことは困難である。それでは、それらについてわれわれが語る時、何を問題にすればしかるべき仕方で提起することになるのか。また、どのように、そして、どんな仕方で、われわれはこの第三の種類(3)についていえばいいのか。

[c] まず、われわれが今「水」と名づけているものも、凝固すれば石や土になり、溶解したり分解すると、今度はこの同じものが風や空気になり、この空気が燃え上がると火になるとわれわれは見ている——あるいは、見ていると思っている(4)。また逆に、火が凝集して消え、再び空気の形へと戻っていき、空気が再び集まって圧縮されると、雲や霧になり、これらがさらにもっと圧縮されると、そこから流れる水が生じ、その水から今度は土と石が生じ、こうして互いに生成を循環して与え合っているように見える(5)。

[d] こうして、これらのものはどれも同じものとして現れることは決してないので、そのうちのどんなものであれば、これはある一定のものであるとし、他のものではないと頑強に主張し続けても、恥ずかしい思いをしないですむのだろうか。それはできない。むしろ、こうしたものについては、次のように定めていうことがもっとも安全である。つまり、われわれがその時々に違うものになるのを見るもの、例えば火については、「それ」ではなく、その都度「そのようなもの」を火と呼ぶこと、水についても、「それ」を水と呼ぶのではなく、い

[49] つも「そのようなもの」を水と呼ぶことである。そして、あたかもそれが何か確固たるもの
[e] を持っているかのように、われわれが「これ」とか「それ」とかという言葉を使って指し示しながら、一定の何かを指示していると考えている他のどんな名前でも決して呼ばないことである。(6)なぜなら、そのようなものは、「これ」や「それ」、あるいは、「それに」など、すべてそれらを永続性のあるものとして示すような宣告を甘受することなく、逃げ出していくからである。むしろ、そのようなものを個々別々の「それ」らとしてそれぞれを語らず、個々の場合も、全部を一緒にした場合も、どこにでも、現れる度に、いつも同じようなものとして現れるところの、「そのようなもの」を、今いったように呼ぶこと。そこで、いつもそのようであるものを火と呼び、そして生成する限りのすべてのものについても同様であること。しかし、これらのものの各々が、その中に不断に生成して姿を現し、また再びそこ
[50a] から姿を消すもの、それだけを今度は「それ」とか「これ」とかという語を使って呼ぶこと。しかし、他方、何とか「そのようなもの」、例えば熱いとか、白いとか、あるいは互いに相反する対をなす(7)どれかと、また対をなすものから成り立っているすべてのものとしてもそれと呼ばないのが、もっとも安全である。

しかしこれについては、もう一度、もっとはっきり話すように努めなければならない。もしも、ある人が黄金からありとあらゆる形を作り上げ、その各々の形をあらゆる形に作り変
[b] えるのをやめなかったとする。そして誰かが、その形作られたものの一つを指して、それは

一体何か、とたずねたとしたら、黄金である、と答えるのが、真実の点で、何よりもはるかにもっとも安全である。これに対して、三角形だとか、その他、黄金の中に生じた限りのすべての形については、それらをこうしたものだとは決していわないで、――なにしろそれらは、それと決めていっているその間にも変化しているからだが――むしろ、「そのようなもの」が「それ」なのだということを、問い手がいくらかでも安全なものとして受けいれてくれる気になれば、それで満足しておくこと。これが一番安全である。

[c] さて、同じことが、すべての物体を受けいれるものにも当てはまる。それは常に同じ名前で呼ばれなければならない。なぜなら、それは自分自身の特性から離れることは決してないからである――常にすべてのものを受けいれるけれども、そこに入ってくるどんなものとも似た姿を取ることは、どのようにしても決してなかったのである。つまり、あらゆるものを受容するものとして置かれているというのが本来のあり方なのであり、そこに入ってくるものによって動かされたり、形を変えられ、そこに入ってくるもののために、時々で違った外観を呈するようになるからである――しかし、入ってきたり、出ていくものは、常に「ある」ものの模倣であり、説明の困難な驚くべき仕方で、それらの常に「ある」ものから型を取られたものである。しかし、それがどういう仕方なのかは、別の時に追求しよう。(8)(9)

[d] しかしとにかく、今は三つの種類を心に留めておかなければならない。生成するもの、生成するものがその中で生成するもの、そして、生成するものがそれに似せられて生じるもと

[50] のもの（モデル）である。なおまた、生成を受容するものを母に、似せられて生じるもと
のものを父に、それら二者の間のものを子どもになぞらえるのが適当であろう。さらに、こ
の場合、かたどられて作られる像が、見た目にありとあらゆる多様なものでなければならな
いのであれば、そういう像がその中でかたどられて成立するその当のもの（受容者）自身
は、およそ自分がどこかからか受けいれることになっているどんな姿もしていないのでなけ
れば、受けいれるものとしてよく準備されていることにはならないということも理解しなけ
[e] ればならない。なぜなら、入ってくるもののうちの何かに似ていれば、それとは反対の、あ
るいは、まったく違った性質のものがやってくる時、それをうまく写すことができないから
であり、その際、自分自身の外観をも一緒に表すことになるからである。それゆえ、あらゆ
る種類のものを自分自身のうちに受けいれようとするものは、どんな形も持ってはならない。
ちょうどよい香りのする軟膏を作る場合、まさにそのようなこと、即ち、匂いを受けいれな
ければならない液体ができるだけ無臭とされるよう技術によって工夫がこらされるようにで
ある。また、何か柔らかい材料にいろいろな形を押捺しようとする人たちも、このようなど
んな材料にも既にある一定の形を持つことを許さず、それを均して、できるだけ滑らかに仕
上げるのである。

[51a] そこで同様に、もしも常にあるものである知性によって捉えられるものの模像を自分自身
の全体にわたって何度も受けいれなければならない当のもの（受容者）も、それ自身の内在

するいかなる姿も持たないことが適している。それゆえ、可視的な、あるいは一般に感覚的なものである生成したものの、母であり受容者であるものを、われわれは土とも空気とも、火とも水とも、あるいは、これらから成る合成物とか、そこからそれらを生じたものとは呼ばないでおこう。むしろ、これを目に見えないもの、形のないもの、しかしすべてを受けい [b] れ、何か厄介な仕方で知的なものに与り、きわめて理解しがたいものだといえば、間違っていることにはならないだろう。しかし今までいわれてきたことから、それの本性に到達する限りでは、次のようにいえばもっとも正しいことになるだろう。即ち、それの火化された部分が、そのつど火として現れ、液化された部分が水として現れ、土や空気についてもそれらの模像を受けいれる限り、土や空気として現れる、と。

しかし、次のことを言論によってはっきりと決めた上で、それらについて考察しなければならない。はたして、それ自体だけで火というようなものがあるのだろうか、また、われわ [c] れが、それについていつもこのように、それ自体でそれぞれのものとしてあるといっているものが、はたして存在するのだろうか。それとも、われわれがちょうどまた目で見ているもの、あるいは、その他の身体を通して感覚しているものだけが、このような真実性を持っているのであって、それ以外には、どんなものも、どのような仕方においても決してあることはなく、それぞれのものについて知性によって知られる何らかの形相があるとわれわれがいつもいうのもいわれのないことであり、実際には、それは単なる言葉でしかなかったのか。

[51] さて、今目前にある問題を裁判にかけることも判決が下されることもなく放っておいて、た
だ一方的にこのようであると断言するのは適切ではないが、既に話が長くなっているのに、
[d] なお長い逸脱した話をそれに割り込ませてはいけない。しかし、何か短い言葉で決められる
重要な区別が出てくれれば、もっとも都合がいいことになるだろう。
　そこで、私自身は、次のように私の一票を投じる。もしも知性と正しい思いなしが種類の
異なる二つのものであれば、それら自体――われわれによっては感覚されず、知性によって
のみ把握される形相はたしかに存在する。しかし、ある人たちが考えているように、正し
い思いなしと知性とが少しも違わないのであれば[10]、身体によって感覚されるすべてのものが、
[e] この上もなく確かなものだとされなければならない。しかし、知性と正しい思いなしは、異
なる二つのものだといわなければならない。なぜなら、それらは他方のものとは関係なくわ
れわれの中に生じ、似てもいないからである。即ち、それらのうちの一方は、教えられるこ
とによってわれわれに生じるが、他方のものは説得によって生じるのである。また一方は、
正しい説明を伴うが、他方は、どんな説明も欠いている。そして、一方は説得によって動か
されることはないが、他方は説得に屈することがある。また一方はすべての人間がこれに
与っているが、知性に与るのは、神々と人間の中でもわずかな人だけであるといわなければ
ならない。
[52a] 　事情がこのようであれば、次のことに同意しなければならない。一つ目は、同一を保つ形

相は生じることも滅びることもなく、他のところから他のものが自分の中に入ってくるのを受けいれることも、自分がどこか他のところへ入っていくこともないものである。それは目にも見えず、他のどんな仕方でも感覚されることもなく、これを考察するのは知性の役割である。二つ目は、今の一つ目のものと同じ名前で呼ばれ、それに似ているものである。それは感覚され、生み出され、常に動き、何らかの場所に生成しては、再びそこから消え去っていき、感覚と思いなしによって捉えられるものである。さらに三つ目の種類として、いつ［b］もあり滅びることがない「場」（コーラー[11]）の類がある。それは生成するすべてのものに座を提供する。しかし、それ自体は、一種の偽の推理[12]によって、感覚の力を借りずに捉えられ、かろうじて信じられるものである。われわれはそれに夢の中でのように[13]注目して、存在するものはすべてどこかにある場所（トポス）を占めて「ある」のでなければならず、地上にも天のどこにも「ない」ようなものはまったく「ない」というのである。実際、われわれはこ［c］のような夢心地な状態のために、覚醒した真に存在しているものについても、目を覚まして、これらすべての区別や、それに類した区別を立てて真実を語ることができない。その真実とは、次のようなことである。即ち、似像は、それ自身のものとして、それが表すようになったものを持っていないので、必ず何か他のものを叙述するために意味を持たされる。それゆえ、似像はあるものにしがみついて、何か他のものの中にあるべきであり、さもなければ、まったくありもしないというのが理に適っている。しかし、真にあるものには、〈偽の推理

［d］[52]

ではなく〕厳密で真実の言論が味方になる。即ち、何か一つのものが他のものと別のものである限り、そのどちらももう一方の中に生じて、同じものが同時に一でも二であるというようなことには決してならないのである。

〈18訳注〉

（1）イデアを指す。5の注5を参照。『ティマイオス』におけるイデア論、「それ」ではなく、その都度「そのようなもの」を（例えば）火と呼ぶこと、とりわけ、すぐ後に言及される第三の種類であるコーラーが導入されることの意味は、解説において論じたい。

（2）自然学的な考察については「真実らしい議論」が語られるが、宇宙論の基礎であるイデアや善については、説明なしに受けいれられる教説として導入されている。

（3）字義通りには「このもの自体」。

（4）この制限は必須。54bを参照。

（5）希薄化、濃縮化によって火→空気→水→土と生成（また、その逆の生成）をするという考えは、アナクシメネスに見られる。

（6）「それ」ではなく、「そのようなもの」と呼ぶということ。

（7）イオニアの自然哲学においては、熱—冷、重—軽、湿—乾、白—黒などの互いに相反するものの対が基本に置かれる。

（8）刻印を受け入れる蝋板のようなものだろう。『テアイテトス』191c参照。

（9）この約束は果たされない。第三の種類のものについては、十分知られないことになる。

(10)『テアイテトス』187b-201cでは、正しい思いなしがそのまま知識であるという考えが、吟味、反駁されている。
(11) ここで初めて「コーラー」という言葉が使われる。
(12) 場は、感覚にとって捉えることはできず、推理によってのみ捉えられる。しかし、それは推理の対象となるような「ある」ものではないので「偽の」推理といわれるのである。場を考えることが「偽の論理」なのではなく、それがどこかに、実際に場を占めていなければならないと考えることが間違っているのである。
(13) 存在するものは何かの場を占めるというような考え方は生成するものについてのみいえることであって、イデアや場についてもそのように考えるのは、寝とぼけた状態にある人が考えることなのである。

19

さて、次のことを、私の投票によって推論されて、私が与える説明の要約にしよう。即ち、宇宙が生成する以前にも「あるもの」「場」(コーラー)「生成」の三者が三様に既に存在していた。そして、生成の乳母は、液化されたり、火化されたり、土や空気の形状を受けいれ、他にもそれらに伴うすべての状態を受けいれると、見た目にありとあらゆる外観を呈するようになる。そして、性質も似ていない、均衡も取れていない諸力によって満たされているた

[e]

[52] めに、それのどの部分も均衡が取れておらず、それ自体がそれらによって不規則にあらゆる
方向へと揺れ動き、それらによって自分が揺すぶられるだけでなく、自分のほうも、動かさ
れることによって、逆にそれらのものを揺すぶる。ものはこうして動かされることによって
分解され、あるものは一つの方向へ、別のものは別の方向へと、絶え間なく運ばれていくこ
[53a] とになった。それはちょうど箕《み》や他の穀物の不純物を取り除く道具によって揺すぶられ、篩
いにかけられたものが、実のつまった重いものはここへ、実の入りが薄くて軽いものはあそ
こへと運ばれて落ち着くようなものである。この時もそのように四つの種類のものが受容者
によって揺すぶられていたが、容器そのものは、振動を与える道具のように動き、相互に
もっとも似ていないものを互いからもっとも大きく引き離し、互いにもっともよく似ている
ものを最大限に同じところに集まるように押しやったので、まさにそのために、万有がこれ
らのものから秩序づけられて生成する以前にも、これら四元はそれぞれが違った場を占めて
いたのである。実際、宇宙の生まれる前には、これらすべてのものはまだ比率も尺度も欠い
[b] た状態にあったのであり、万有の秩序づけが試みられた時、最初は、火、水、土、空気は、
何か自分の痕跡を持ってはいたが、実際、まったく神が不在であれば、万事はさぞかしかく
もあろうというような状態であり、その頃はこれらのものはもともとまさに今述べたような
状態だったのだが、神はこれを初めて形と数を用いて形作ったのである。そして、神がそれ
らのものを立派でも善くもなかった状態から、可能な限り立派で善いものになるように構築

［c］

したということ、これだけは何をさしおいても、いつでもいわれるものとして、われわれは前提しておこう。しかしそれはともかく、今は以上にあげられたそれぞれのものの配置と成り立ちをあなた方に明らかにするように試みなければならない。これはなじみのない議論(1)で行なわれる。しかし、あなた方はこれからの話をするのに必要な教養部門は身につけているので、この話についてきてくれるだろう。

〈19訳注〉

（1）以下において語られる原子論（そういってよければ）は、それまで提唱されていたいかなる原子論とも違う独自なものである。

20

まず第一に、火、土、水、空気が物体であることは、思うに誰にも明らかである。物質のすべての種類は奥行きも持っている。そして奥行きは必ずこれを面が取り囲んでいて、さらに面のうち、直線によって囲まれている面は、三角形から構成されている(1)。

［d］

ところですべての三角形は、二つの三角形から派生している。どちらも一つの直角と、二つの鋭角を持っている。そのうち一方の三角形(2)は、相等しい二辺のそれぞれの上に直角が二

[53] 等分されたものを持っており、もう一方の三角形は、不等な二辺のそれぞれの上に直角が不等に配分されたものを持っている。そこでわれわれは、必然性を伴った真実らしい言論の方針を辿りながら、これを火やその他の物体の始原（アルケー）であると仮定する。しかし、それよりもさらに遡った諸始原のことは、神や、人間のうち神に愛される人だけが知っている。

[e] そこで、どれが生じうるもっとも立派な四つの物体であるかということを話さなければならない。それらは互いに似ていないが、あるものは解体することで、互いから生じる。われわれの話が的を射ていれば、われわれは、土、火、及びそれらの中間に比例してあるものがどのように生成したかについての真理を知ることになる。われわれは、これらのものよりも立派に見えるものが、それぞれ一つの種をなしてどこかに存在すると誰がいっても決して同意しないだろうからである。そこで、われわれが力を尽くさなければならないのは、立派さにおいて際立つ物体の四種類(3)を結びつけ、それら物体の本性をわれわれは十分に把握している、と主張することである。

[54a] さて、二つの三角形のうち二等辺三角形は一つの性質しか持っていないが、不等辺三角形は無限の性質を持っている。だから、もしもわれわれがしかるべき仕方で始めるというのであれば、この無限のものから、もっとも立派なものを選ばなければならない。そこで、もしも誰かが、これらの物体を構成するために、もっと立派なものを選んだといえるのであれば、

その人はわれわれの敵としてではなく、仲間として勝利したのである。しかし、ともかくわれわれは、多くの三角形のうち、それが二つ集まれば正三角形ができる一つの三角形を、他[b]のすべてにまさる第三のもっとも立派なものと仮定する。なぜそうなのかは話せば長くなるが、誰かがそれを吟味して、そうではないということを発見すれば、われわれは喜んでその人に賞を進呈しよう。そこで、火や他のものの物体がそれを材料として作り出された二つの三角形——一つは二等辺三角形で、もう一つは、その二乗された長辺が常にその二乗された短辺の三倍であるような三角形[4]——が選ばれたとしよう。

さて、以前にはっきりと語られなかったことを今や区別しなければならない。即ち、四つの種類のものがすべて、互いを通じて、相互に入り込んで生成するように見えたのだが、そ[c]のような見かけは正しくはなかったのである[5]。なぜなら、われわれが選んだあの三角形から四種類のものが生じるのだが、それらのうち三種は、不等な辺を持った三角形から成り立っているのに対し、第四のものだけが二等辺三角形から組み立てられているからである。そこで、すべてが解体し互いに相手のものへと、つまり、多数の小さなものから少数の大きなものへと生成する、あるいは、その逆の過程を取って生成することはできない。三種のものだけがそうすることができるのである。これら三種のものは、本来すべて一種類の三角形から成り立っているからである。それで、より大きい物体が解体する時には、多数の小さいものがこの同じものから自分に適した形を取って構成されるだろう。反対に、多数の小さなもの

[54] [d] が三角形へと分散する時には、これらの三角形は、結びついて別の種類の一つの塊を形作るだろう。

これらの物体がどのように他のものに変わるかということについては、以上で話されたことにしよう。次に話さなければならないのは、それらのもののそれぞれが、どんな形になったのかということと、どれだけの数から結びついてできているのかということであろう。

そこでまず、もっとも原初的で、もっとも小さい構成体をなす形から始めよう。その構成要素が、斜辺が短辺の二倍の長さである三角形である。このような三角形の一対が対角線に
[e] 沿って結び合わされ、これが三度なされ、斜辺と短辺を同一点を中心としてそこへよりかからせると、数にして六つの先の三角形から一つの正三角形が生じたのである。そして、この
[55a] 正三角形が四つ結びつくと、平面角が三つずつ一緒になるそれぞれのところに、一つの立体角ができるのだが、この立体角は平面角のうちもっとも大きな鈍角の次に位する大きさのものである。(6)そして、このような角が四つ完成されると、もっとも原初的な立体の形(7)が構成され、自分に外接する球の全体を、互いに面積が等しく、相似した部分に配分する。

二番目の形(8)は、同じ三角形から成り立っているが、それは正三角形が八つずつ結びついて、四つの平面角から一つの立体角を作り上げる。そして、このような角が、六つ生じると、こうして今度は第二番目の物体が完成される。

[b] 第三の形(9)は、百二十の構成要素が結びつき、そしてそれぞれ正三角形に属する五つの平面

角によって囲まれている十二の立体角ができる時に、それらから成り立ったので、面として正三角形を二十持っている。

構成要素のうちの一方は、以上の三つの種類のものを生み出してしまうと放免されたが、もう一つの、二等辺三角形のほうは第四のもの(10)を生み出し始めた。つまり、この三角形は、[c] 四つの直角を中心へと集めるように結びつき、こうして一つの正方形を作り上げた。そして、このような正方形が六つ結びつき、八つの立体角を作り上げたが、その立体角はどれも平面直角が三つずつ組み合わさってできているようなものだった。構成された立体の形は、立方体、つまり六つの正方形の面を底面として持っていた。さらにもう一つ、第五の構成体がある。神はこれを万有のために、そこにいろいろの色で描く際に用いた(11)。

〈20訳注〉

(1) 火、土、水、空気はいずれも物体である。物体はすべて奥行きがある。ティマイオスは、ここから、すべて奥行きのあるものは直線によって囲まれているとするが、ここでなぜ曲線が排除されているかは明言されていない。

(2) 基本的な三角形のうちの一つは、次のようである。

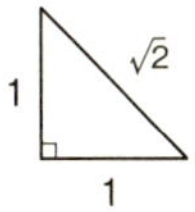

（3）正六面体、正四面体、正八面体、正二十面体の四つである。
（4）正三角形の半分である。

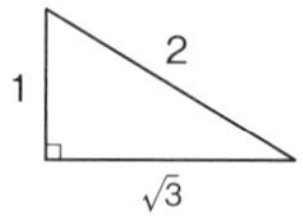

（5）49b-cでは、次にいわれるように、土だけは他のものと互換性はないので、「われわれが今、水と名づけているものも、…凝固すれば石や土になり…」といわれているのは、不正確であるということになる。
（6）この立体角は、三つの60°の平面角が結びついたもの、つまり180°である。
（7）正四面体。
（8）正八面体。
（9）正二十面体。
（10）正六面体。
（11）正十二面体。しかし、これは正五角形でできているので、どちらの要素三角形からも構成されない。正十二面体は、球形だとされる宇宙（万有）の形にもっとも近い形としてここであげられていると見ることもできるが、球形といわれているのに（33b-34a）、なぜ正十二面体が持ち出されたかはよくわからない。

[55]

21

ところで、もしも誰かが以上すべてのことを推論し、宇宙の数は無限個（アペイロイ）であるといわなければならないか、あるいは有限個であるといわなければならないかどうか疑
[d] うとすれば、その疑いは当を得たものだが、もしもそうなら、宇宙を無限個のものだなどというのは、心得ていなければならないことを文字通り(1)心得ていない者（アペイロス）の説だと見なすことになるだろう。一体、宇宙は本当にはもともと一つのものといわれるのがふさわしいのか、それとも五つのものといわれるのがふさわしいのかという、この点に立ち止まって悩むほうが、むしろ当を得ているだろう。とにかく真実らしい言論に従ったわれわれの見解は、宇宙は一つの神であるのが本来のあり方であることを明らかにする。しかし、他の人はどこか別の点に注目して別の見解を持つだろう。

　しかし、そのような人は放っておかなければならない。われわれは今言論によって生成させたいくつかの種類の形を、火、土、水、空気へと配分しよう。そこで、土には立方体の形
[e] を与えよう。なぜなら、土は四つの種類の中でもっとも動きにくく、物体の中でもっとも柔軟であるが、もっとも安定した底面がそれであるのがもっとも必然である。ところが最初に仮定された三角形のうち、二等辺三角形の底面のほうが、不等辺三角形の底面より本性上、いっそう安定しており、そして、この二種の三角形のそれぞれから合成されている面、正方

[56a] 形の面が正三角形よりも部分的にも全体的にも安定しているのは必然である。したがって、土にその形を割り当てれば、真実らしい言論をわれわれは守ることになる。次に、水には残っているもののうちもっとも動きにくい形を、火にはもっとも動きやすい形を、そして空気には中間のものを割り与えよう。これは、もっとも小さい物体を火に、最大のものを水に、中間のものを空気に割り与えること、さらに、もっとも尖ったものを火に、二番目のものを空気に、三番目のものを水に割り与えるということでもある。そこで、これらすべてのもの

[b] においで、もっとも底面の数が少ない物体は、もっとも尖っており、あらゆる方向にもっとも切れ味がよいという点で、本来すべての中でもっとも動きやすいのが必然である。さらに、もっとも数が少ない同じ部分から成り立っているという点で、この形が一番軽いのも必然である。そして、第二番目にくるのは、これらと同じ性質を持っている点で二位に、第三番目にくるものは、三位に立つのである。

そこで正しい言論にも真実らしい言論にも従って、正四面体の形をなしたものを火の構成要素であり、種子ということにしよう。そして生成の順序が二番目のものを空気の、三番目のものを水の構成要素、水といおう(2)。

[c] さて、これらすべての物体は非常に小さくて、どの種類に属するものもその一つ一つは小ささのためにわれわれには少しも見えないが、多くのものが集まると、その塊が見られると考えなければならない。

そしてとりわけ、それらの数量、運動、その他の諸性質に関する釣り合いについては、必然が説得され、自ら進んで譲歩した限り、神がどんな面においても、それらのものを最大限に厳密に仕上げた時、比率に従って調和させたと考えなければならない。

〈21訳注〉

(1) 原語のアペイロス（アペイロイは複数形）は、無限と未経験を意味する。
(2) 四種の物体と、四種の多面体の関係は、以下のようである。土―正六面体、火―正四面体、空気―正八面体、水―正二十面体。

22

[d] 〔構成要素の〕種類についてわれわれが先に話したすべてのことから、次のようなことが一番ありそうなことだといえるだろう。即ち、土が火に出くわし、火の鋭さによって分解されると、その分解が、たまたま火そのものの中、あるいは、空気や水の塊の中で行なわれても、とにかく土は、それの諸部分がどこかで出くわして、再び自分たち同士で結びついて土になるまで動き続けるだろう。なぜなら、それは決して他の形にはならないからである。しかし、水が火によって、あるいは空気によって、ばらばらにされると〔水の部分が〕結合して火の粒子一個と、空気の粒子二個になることができる。また空気の切片は、その一粒子が [e]

[56] 解体されると、火の二つの粒子を作り出すことができる。反対に、わずかな火が多くの量の空気や水や土によって囲まれると、火は運動している周囲のものの中で動かされ、それらと闘い、敗北して粉々にされるが、その時、火の二つの粒子が結びついて一つの空気の形になる。また、空気が征服されて切り刻まれると、空気の粒子の二個と半個分から水の完全な形の水になる[1]。

[57a] 以上のことをもう一度次のように考察しよう。火の中に他の種類の一つが捉えられ、火の角や稜の鋭さによって切り取られる時は、切られたものが組み合わさって火の形を取ることになると、もはや切り取られる過程は終わる。自分自身と同様で同じであるどんな種類のものも、内部にどんな変化を生み出すこともできなければ、同じあり方をし同様な状態にあるものからは、どんな作用も受けることもできないからである。しかし、それが何か他のものになり、劣勢に立ちながらも、優勢なものと闘っている間は、解体の過程は終わらない。

同様に、少数の小さい粒子が多数の大きな粒子に囲まれる時には、粉々にされ鎮められる
[b] が、優勢なものの形を取って結びつこうとする時には、鎮められる過程は終わり、火から空気が、空気から水が生じる。しかし、小さい粒子がこれらのものになっていき、他の種類の何かがそれらに遭遇して闘いに参加することになると、全面的に圧迫されればばらばらにされて自分と同じ種類のものへと逃亡するか、あるいは屈服し多数者が一つに合併し、征服したものと同じようなものになり、彼らの同居者として留まるまでは、解体の過程は終わらない。

[c] そしてまた、とりわけ以上のような過程が進行する時は、すべてのものが場所を交代する。なぜなら、受容者の動きのために、それぞれの種類に属する大部分のものは、それぞれが別れて自分に固有の場所（トポス）を占めるが、その都度自分の仲間と似たものではなくなって、他のものと似るようになると、そのようなものは、振動によって、自分が似ることになった当のものの場所へ運ばれていくからである。

[d] さて、純粋な最初の物体は、以上の原因によって生じたが、それらの種類の中に違ったいくつかの種類のものが生じていることの原因として、構成要素のそれぞれの組み合わせをあげなければならない。どちらの組み合わせも、最初にただ一つの大きさを持った三角形を生み出したのではなく、小さなものや大きなものをいろいろ生み出したのであり、その種類はあの〔四つの〕種の内部にある種類と同じ数だけあった。それゆえ、それらは同種のもの同士や異種のもの同士で混じり合ったりして、その多様さは無限なのである。実際、自然について真実らしい言論を用いようとする人は、この多様性を観察しなければならない。

〈22訳注〉

（1）ここでいわれる物体間の相互変換は次の通りである（火—F、空気—A、水—W）。

（a）大きい粒子から小さい粒子への解体

1. 1W → 1F＋2A（要素三角形では、20=4＋2×8）

[57] 2. $1A \rightarrow 2F$（$8=2\times4$）

(b) 小さい粒子から大きい粒子への結合

3. $2F \rightarrow 1A$（$2\times4=8$）

4. $2A+\frac{1}{2}A \rightarrow 1W$（$2\times8+\frac{8}{2}=20$）

23

[e] さて動と静について、それらがどんな仕方で、またどんな結びつきで起こるのかということについて合意がされなければ、これからの推論に多くの点で障害となるだろう。それらについては既にいくぶん語られたが、均等性の中には動は決してあろうとはしないということも付け加えなければならない。なぜなら、動かされるものがそれを動かすものなしにあるとか、あるいは、動かすものがそれによって動かされるものなしにあるのは、困難というよりも、不可能だからである。動かすものと動かされるものがなければ動はなく、あったとしても、この両者が均等であることは不可能だからである。したがって、いつも静を均等性の中に、動を不均等性の中に置くことにしよう。そしてまた、不均等性の原因は不等性なのである。その不等性の成立については、われわれは既に詳しく述べた[1]。

[58a] しかし、一体どういうわけで、それぞれのものが種類別に分離して、互いへの変換や移行

を止めてしまわないのかということについては話さなかった。次のようにいおう。即ち、万有の周囲は、〔四つの〕種類のものを包括すると、自分が丸くて自分自身へと集約しようとする傾向があるので、すべてを縛りつけて、一つの空虚な場（コーラー）も残ることを許さない。したがって、火は一番よくあらゆるものの中へと浸透したのであり、空気が二番目――これは繊細さで第二番目である――また、その他のものも同様だった。なぜなら、もっとも大きな粒子から生み出されたものは、組織の中にもっとも大きな空隙を残し、もっとも小さな粒子から生み出されたものは、もっとも小さな空隙を残しているからである。そこで、粒子の圧縮によるひしめき合いが、小さい粒子を大きい粒子の隙間に押し込めるのである。〔b〕そこで、小さな粒子が大きな粒子の傍らに置かれ、小型のものは大型のものを分解し、大型のものはまた前者を結合させ、こうして、すべてのものが、それぞれの場所へ向かって、上を下へと移動することになる。なぜなら、それぞれのものは、大きさを変えると、その場所の位置をも変えるからである。そこで、以上の理由で、このようにして、均等性の状態は決して達成されず、このことが、それら粒子の現在と未来における途切れることのない、絶え間ない動きをもたらすのである。〔c〕

〈23訳注〉

（1）どこを指しているかはっきりしない。「性質も似ていない、均衡も取れていない諸力」（52e）の議論のことを念頭に置いているのかもしれない。

[58]

24

次に、火には多くの種類があるということを考えなければならない。例えば、炎と、炎から出て燃やすことはないが、目に光をもたらすもの、炎が消えた時に、燃えさしの中に残る火の残りである。

[d] 同様に、空気の種類には、「蒼雲（アイテール）」という名で呼ばれるもっとも澄んだものと、「霧」や「暗さ」と呼ばれるもっとも濁ったものがある。またその他、三角形が不等なために生じた無名の種類がある。

[e] 水は、まず、液状のものと、溶けるものという二つの種類に分かれる。液状のものは、粒子が不揃いで小さい水の種類を含んでいるので、不均等性と〔粒子の〕形の故に、それ自身だけでも動きやすく、他のものによっても動かされやすい。他方、もっと大きくて均等な粒子から成り立っているものは、均等性の故に、前者よりも安定しており、固まって重いが、火が入ってきて水を分解すると、均等性を失い、ひとたび均等性を失うと、以前よりも動きやすくなる。そして、動きやすくなると、水を囲む空気に押されて地面の上に広がる。これらの変化のそれぞれはそれ自身の名前を持っている。塊の崩壊は「溶ける」、地面に広がる

[59a] ことは「流れる」と呼ばれた。反対に、火が追い出される時は、空虚へと出ていくのではないので、それを囲む空気は、まだ動きやすい液状の塊を火が占めていた場所へと押し込め、この液状の塊が自分だけの結合体になるようにする。この塊は、押しつけられ、不均等性を作り出す火が出ていくので、再び均等性を取り戻し、自分のもとの状態へと落ち着く。そして、この火の脱出は「冷却」と呼ばれ、火が出ていく時の凝縮の状態は「凝固態」と呼ばれた。

[b] さて、われわれが溶けうる水と呼んだもののすべてのうちで、もっとも繊細で均等な粒子から成るもっとも緻密にできているもので、ただ一種類の光沢があって黄色を帯びたものは、もっとも貴重な財貨、黄金であり、岩を通って濾過され固まったものである。また、黄金の傍系で、その緻密さの故にもっとも固くて、黒色のものは、「アダマス」[1]と呼ばれた。さらにまた、黄金に近い部分から成り立ち、種類は一つ以上あって、また、緻密さの点では黄金よりも密で、わずかな微細な土の部分を含んでいるので、いっそう硬いが、内部に大きな間隙があるので黄金よりは軽いものがある。これが「銅」で、輝きのある凝固した水の一種である。そして、それに混じっている土の部分は、混じり合っている両者が時が経つに連れて古び、再び互いから分離するると、単独で見られるようになり、「緑青」と呼ばれる。

[c] ところで、このような種類の他のものまで数え上げることは、われわれが追求している真実らしい言論に沿えば、面倒なことにはならないだろう。もしも気晴らしのために、永遠に

[59] [d] あるものについての言論を一時中断し、その代わり、生成について真実らしい言論を吟味す
ることで、後に悔やまれることのない快楽を得ることになるのであれば、人生において節度
ある知的な遊びを作り出すことになるだろう。そこで、今やわれわれも手綱を緩めて、以下、
同じことについて引き続き、真実らしい言論を次のように述べることにしよう。

　火と混じった水は細かく液状であるが、その動きとそれが地面を転がる仕方の故に「液
状」といわれる。その上、それはその底面が土の底面よりも安定度が劣っているために、圧
力に屈して柔らかなものにもなっている。このような水が、火と空気から切り離されて単独
[e] になると、以前より均等なものになり、他方、そこから出ていくものによって自分のほうへ
と圧縮されて凝固するが、この作用を大地の上のほうで大いに受けると「霰」、地面の場合
は「氷」と呼ばれ、あまり作用を受けず、また半ばしか凝固していない場合は、大地の上の
ほうのものは「雪」、地面で露から凝固して生じるものであれば「霜」と呼ばれる。

[60a] 　ところで、互いに混じり合っている大抵の種類の水は、大地から生えている植物によって
濾過されたので「樹液」と総称されているが、混じり合っているので、それぞれがどれも
違っている。他の多くは名前がないが、火を含んだ四つの種類はとりわけ目立っているので
名前がつけられた。即ち、身体と共に魂を温めるものは「酒」、滑らかで視線を拡張し、そ
のため見た目に輝き光ってぎらぎら見えるものは「油」の類である。これには、ピッチ、ひ
[b] まし油、オリーブ油、そして、それと同じ性質を持つ他のすべてのものがある。第三に、

もっとも一般的に「蜜」と呼ばれるものがある。これは、収縮している口腔の諸孔をその自然な状態にまで弛め、それによって甘さをもたらす。四番目のものは、焼くことによって肉を分解する作用を持った泡立つ種類のもので、これはすべての樹液から区別され、「オポス」(2)と名づけられた。

〈24訳注〉

（1）金剛石のことか。

（2）無花果やシルピオン（薬草・香草）などから採出される刺激的な味の液。

25

[c]

土の種類については、水によって濾過されたものは、次のようにして石の類の物体になる。即ち、それと混じっている水は、混合する過程でばらばらになると、空気へと姿を変える。空気になると、自分の場所へ上昇する。しかし、その上には空虚はまったくないので、まわりの空気を押す。ところが、空気は重いので、押されて土の塊の上に降り注ぐと、それをひどく圧迫して、新しくできた空気がそこから上昇していった場所へとこれを押し込める。そこで、土が空気によって圧縮されると、水に溶けず石を構成するが、大きさが等しく均等な

[60] 部分から成る透明なものはより美しく、反対のものはより醜い。

[d] また、燃える火によって水分が速やかに完全に奪い取られ、先の種類のものよりも壊れやすくなっている土は、われわれが「陶器」と名づけた種類のものになった。しかし、時に、水分が残り、土が火によつて液化しうるものになり、それが冷えた時には、黒色の石が生じることがある。

さらに同様に、混合体の中から多量の水が排除され、しかし、より細かな土の粒子から成り立ち、塩っぽい二つの種類の土がある。それらは、半凝固体で、再び水によって溶けうる。[e] このうちの一つが油や水を浄化する「ソーダ」に、もう一つは口の感覚と結びつく場合によく調和する、神々が愛用するのが当然である「塩」になった。

また、土と水の合成物で、水によっては解体されないが、火によって解体されるもの[1]は、次のような理由で、そのように凝固している。即ち、火と空気は土の塊を溶かさないが、それは、空気と火は本来土の組織中の間隙よりも小さな部分からできているので、無理をしなくても、土の十分ある多くの空隙を進んでいけるので、土を解体しないままにして、これを溶けないものにするからである。しかし、水の粒子は、本来、火や空気の粒子より大きいので、[61a] 無理に通路を開き、そうすることで、土を解体して溶かすことになる。つまり、無理に固められていない土は、このように水だけで解体されるが、無理に固められている場合は、火以外の何ものもこれを解体することはできない。火にしか入り口は残されていないからである。また、非常に強い力で凝縮された水を溶かすのは火だけであり、他方、弱く凝縮されている水であれば、火と空気の両方がこれを解体させる。その際、空気は水の粒子間の間隙に沿って、火のほうはもとの三角形にまで融解させる。また、無理に凝縮させられている空気は構成要素まで解体するしかないが、そうでない場合でも、火だけがこれを溶かすことができる。

[b] そこで、土と水が混合してできている物体の場合は、無理に圧縮されているものであっても、その物体内の土の隙間を水が占めている限り、外部から攻撃してくる水の粒子は、入り口がないので、ただ塊全体のまわりを流れるだけで、これを溶かさないままにしておく。しかし、火の粒子が水の粒子の隙間に入り込んでくると、水が土に及ぼすのとまさに同じ作用を、火が水に及ぼし、こうして、火の粒子だけがこの合成体を溶けて流れるようにする原因になっているわけである。そして、こうした土と水の合成体のあるものは、ガラスや溶けうると呼ばれている種類の石のように、そのうちに含まれる水分が土よりも少ないが、あるものは土よりも水分をより多く含む。蝋や香のような物体へと凝縮しているものがそれである。

[c]

〈25訳注〉

（1）ガラス、ワックスなどである。

26

[61] 形や結合、さらに相互への変化による多種多様なものは、以上でほぼ示されたので、今度は、それらのものの諸性質が、どのような原因によって生じたかを明らかにすることを試みなければならない。

まず第一に、これからの話は感覚の存在がいつも前提でなければならないが、われわれは肉及び肉に付随するものの成り立ちや、魂の死すべきである部分の成り立ちについてはまだ [d] 話していない[1]。しかし、これらは、感覚的な性質と切り離しては、十分に話をすることはできず、後者を前者なしに話す時も同様だが、それらを同時に話すことはほとんど不可能である。そこで、どちらかを先に前提にして、後でまた、その前提された事柄に戻ることにしよう。したがって、物体の種類に続いて、諸性質のことを語れるように、身体と魂が存在することを前提にすることから始めよう。

そこでまず第一に、われわれが火を「熱い」という時、そのことが何を意味しているかを次のように考察することによって検討することにしよう。つまり、火が身体を分離、切断す [e] ることで、どのように影響を及ぼすかに注目するのである。火の経験が、何か鋭いものであることは、われわれのほとんどすべてが感覚している。

そこで、火の角の薄さ、角の鋭さ、粒子の小ささ、運動の速さ――これらはすべて火を非

[62a] 常に切れ味のあるものにし、出会うものを常に鋭く断ち切る。火の形の成り立ちを思い出す
なら、他ならぬこの特性がとりわけわれわれの身体を断ち切り、細かく切って（ケルマティ
ゼイン）、われわれが今「熱い」（テルモン）と呼んでいる性質と、その名称[2]を当然の結果と
してもたらすことになったと推理しなければならない。

ところで、これと反対の性質は明白だが、説明に欠けるところは少しもないようにしなけ
ればならない。即ち、われわれの身体を囲む水分のうちでも大きな粒子が、身体に入り込ん
でくると、自分よりも小さい粒子を押し出すが、小さい粒子が占めていた場所に入り込むこ
[b] とはできないので、われわれのうちにある水分を圧縮するのだが、外部の水分は、この不均
等に動いていた水分を均等にし圧縮することで、これを不動のものにして凝固させる。しか
し、不自然に凝集させられたものは、このような凝集に対して、自然に自分で自分を反対
の方向へと押し出して戦う。そこで、このような戦いと震動は「震え」や「寒け」と呼ばれ、
この経験の全体と、それをもたらすものは「冷」と名づけられた。

われわれの肉が屈するものは「硬い」、われわれの肉に屈するものは「柔らかい」と呼ば
れる。そして、相互関係にあるものについても、同じようにいわれる。しかし、小さな底面
[c] の上に立つものは屈し、他方、正方形の底面から成り立っているものは、非常にすわりがい
いので、きわめて抵抗力が大きく、またきわめて密に凝集しているものも抵抗力がある。

また「重い」「軽い」は、「上」「下」といわれているものと結びつけて吟味すれば、もっ

[62] ともはっきりと説明できるだろう。なぜなら、まったく相反する二つに分かれた場所が本来
的にあると見なすことはまったく間違っているからである。即ち、一つは「下」で、そこに
向かってすべて物質的な塊を持ったものが動いていく。もう一つは「上」で、そこへとすべ
[d] てのものが強制的に向かう場所であるというふうにである。なぜなら、宇宙の全体が球形な
らば、中心から等距離にあり、端になっているものはすべて、元来、同じような仕方で端に
なっていなければならないからである。また、中心は、端から同じ距離にあるので、すべて
の端の向かい側にあると見なさなければならないからである。そこで、宇宙が本来このよう
であれば、今いわれたもののどれを「上」あるいは「下」とすれば、まったく不適切な言葉
を使っていると正当にも思われないだろうか。宇宙の中心にある場所が本来「下」や「上」
と呼ばれることは正当ではなく、まさに中心にあると呼ばれるべきである。また、周辺の場
所は、たしかに中心ではないが、そのどの部分も、一つの部分が他の部分と比べて、中心と
の関係で違っていないことは、向かい側のどの部分の場合に比べても、少しも変わりはない。
ところで、何かが本来あらゆる点で同じ状態である時、それに対してどんな反対の名前をど
のように与えることがだろうか。そして、適切ないい方をしていると考えることができるだ
[63a] ろうか。というのは、もしも宇宙の中心に何か均衡の取れた固体があるとすれば、端のうち
いずれに向かっても動かないだろう。宇宙の端はどこでも同じようだからである。しかし、
誰かがその中心のまわりをぐるりと歩けば、何度も繰り返し自分自身の対蹠点に立って、宇

宙の同じ場所を「下」とも、「上」とも呼ぶだろう。つまり、宇宙の全体は、既に述べたように、球形であり、それのある場所を「下」といい、別の場所を「上」と呼ぶことは、思慮ある人にはできないのである。

しかし、それらがなぜそのように呼ばれるようになったのか、どこでそれらが実際に使われ、そのため全宇宙をもそのように区分していう慣わしになったのかということについて、[b] われわれは次のことを仮定することによって合意しなければならない。今、誰かが宇宙のうちの、特に火に割り当てられている場所――そこは火の大部分が集められ、そこへと他の火が向かうのだが――に足を踏み入れるとしよう。さらに、火の部分をいくらか切り取り、それを秤に乗せる力があるとしよう。そして、その人が棹を持ち上げ、火をそれとは異質な空[c] 気の中へと無理に引っ張っていくと、小さいもののほうが大きいものよりも強制に屈するであろうことは明らかである。なぜなら、二つのものが一つの力で同時に引き上げられる場合は、小さいもののほうがより容易にこの強制に従い、それに対して、大きいもののほうは、抵抗は大きく、容易には強制に従わないというのが必然だからである。そこで、大きいものは「重い」と呼ばれ、また「下」に向かうと呼ばれ、他方、小さいものは「軽い」と呼ばれ、「上」に向かうと呼ばれるのが必然である。

そこで、われわれが、これと同じことを、この場所でしていることを見抜かなければならない。というのは、われわれは大地の上に立っており、土のようなもの、時には土そのもの

[63] を量り分け、これらをその自然に反して無理に、異質な空気の中へと引っ張っているからで
[d] ある。その際、両者はどちらも自分と同族のものにしがみつこうとするが、小さいもののほ
うが大きいものよりも容易に、われわれの強制に従って、異質な空気の中へと先についてく
る。そこでこの小さいほうをわれわれは「軽い」と呼び、われわれが向かうのを強制するそ
の先の場所を「上」と呼び、それとは逆の状態を「重い」、「下」と呼ぶ。

　だから、これらの〔重い、軽いなどの〕性質は、必ず互いとの関係で変わる。なぜなら、
これらのものは、それぞれの種類の大部分のものが、互いに相反した場所を占めているから
である。つまり、ある場所における「軽い」「重い」「下」あるいは「上」は、反対側の場所
[e] での「軽い」「重い」「下」あるいは、「上」とはまったく逆か、斜めだったり、互いに対し
てありとあらゆる仕方で異なったものになったり、あるいは、現にそうであることが見出さ
れるだろう。しかし、とにかくこうしたすべてのことについて、次の一つのことを考えなけ
ればならない。即ち、それぞれのものが同族のものへと向かうことが、それに沿って動くも
のを「重い」ものにし、それが動いていく先の場所を「下」にしているということ、他方、
「軽い」と「上」は、これとは反対の仕方でふるまうということである。こうした性質の原
因については、以上で話し終えたことにしておこう。

　「滑らか」と「粗い」という性質については、おそらく誰でもその原因を理解でき、他の
[64a] 人にも語ることができるだろう。つまり、硬さが不均等性に混じれば粗さが、均等性が緻密

さと混じれば滑らかさがもたらされるのである。

〈26訳注〉
（1）死すべき魂については、69c-71d。身体の残りの部分と構成については、72d-81eで論じられる。
（2）「熱」（therm-）を「細かく切ること」（kerm-）に結びつけようとしている。

27

身体全体が共通して受ける感覚的性質[1]について、きわめて重要だがまだ話されていないことは、われわれが述べてきた諸性質における快や苦の原因である。また、すべて身体の部分を通して感覚されるようになる性質で、その部分に同時に快と苦を伴っているものには、どれだけのものがあるかという問題である。とにかく、すべての感覚される、あるいは、感覚されない感覚的性質の原因を、先の議論で区別された動きやすいものと動きにくいものを思い起こして、把握することにしよう。われわれが把握することを意図するすべてのものは、この方法で追求しなければならないからである。つまり、本性上動きやすいものは、少しでも影響を被ると、その諸部分が連鎖的に同じ影響を他の部分へとまわり伝え、ついには知性に到達して、作用を及ぼしたものの機能を伝えるのである。しかし、動きにくいものは安定

［b］

[64] [c] しているので、影響は被るだけで、それを連鎖的に伝えることはなく、隣にある他のものを
動かすことはない。したがって、一つの部分が他の部分へと影響を伝えず、最初の影響は、
これらの部分にあって全体としての生きものへ動いていくことがないので、影響は感覚され
ない。そして、このようなことは、骨や髪、その他すべてわれわれが持っている主として土
でできている部分に起こる。他方、先にいわれたことは、視覚と聴覚にもっとも当てはまる
が、これらの中では、火と空気の働きが最大のものだからである。
　そこで、快と苦については、次のように考えなければならない。つまり、自然に反して、
[d] 無理な影響が一気にわれわれのところで起こる時、その影響は苦しく、反対に、自然の状態
へ再び一気に戻るような影響は快いのである。そして、穏やかで少しずつ起こる影響は感覚
されないが、それとは逆の影響は反対のあり方をする。
　しかし、容易に起こる影響はすべて、苦痛と快楽を伴わないけれども、もっとも感覚され
る。例えば、以前[2]に視線は、昼になる度に、われわれと自然に結びついた身体になるといわ
れたが、この視線に起こる影響の場合である。なにしろ、切られることも焼かれることも、
[e] また視線が被る他のどんなことも、視線の中に苦痛を生み出すこともなければ、もとの状態
に戻っても、快楽が生み出されるわけでもない。しかし、それでも、視線には、それがどん
な影響を受け、また自分がどこでどんなものに衝突して触れようと、それに応じてきわめて
強く明確な感覚がある。視線の拡張にも収縮にも、強制はまったくないからである。しかし、

［65a］他方、もっと大きな部分から成る身体器官は、作用者に容易に屈することはない。それらは受け取る運動を身体の全体に伝え、快楽と苦痛を受ける。その場合、自然の状態から遠ざけられる場合には苦痛を、再びもとの状態に立ち直る場合には快楽を得る。

また、自分の自然の状態から少しずつ遠ざけられ、内部が空になっていくが、満たされる過程は一気で、多量に満たされる身体は、空になる過程には無感覚だが、満たされるほうを感覚し、こうして、魂の死すべき部分にはきわめて大きな快楽をもたらすが、苦痛はもたらさない。このことは芳香の場合に顕著である。［b］しかし、自然の状態から一気に遠ざけられ、少しずつやっとのことで、自分のもとの状態に立ち上る身体は、先の場合とはまったく正反対の結果をもたらす。そして、このことはまた身体の火傷や切り傷の場合に明らかである。

〈27訳注〉
（1）31の注3参照。
（2）45b以下。

28

さて、これで身体全体が共通して受ける影響と、それを生み出す作用者に与えられること

[65] になった名称のことはほとんど話したことになる。今や、もしも可能なら、われわれのさま
ざまな個々の部分において生じること、つまり、それらが受ける影響と、それを引き起こす
[c] 作用者にある原因のことを話すようにしなければならない。そこで、最初に味について先に
話していた時にいい残したことをできるだけ明らかにする必要がある。それは舌が受ける固
有の感覚的性質である。これもまた他の大抵の性質と同じく、何か収縮と拡張の結果生じ
るように思われるが、それに加えて、他のどんな影響よりも、粗さと滑らかさに依存してい
るように見える。即ち、土の粒子が、舌の試験器官として働き心臓にまで延びた小管に入り
[d] 込み、肉の湿った柔らかい部分に会うと、土の粒子は溶かされ、小管を収縮させ乾燥させる。
この場合、その粗さの度が大きければ、「酸っぱい」と感じられ、粗さの度がそれほどでな
ければ、「ぴりっ」と感じられる。また小管を浄め、舌のあたりの全体を洗うものが、度を
[e] 過ごし、舌の一部を溶かすほどまでに侵す時には、ソーダがこのような働きをするが、その
ようなものはすべて「刺激的な」と名づけられている。ソーダよりも穏やかで、適度の洗浄
作用を持つものは、粗い刺激性のない「塩辛い」もので、われわれにはむしろ好ましく感じ
られる。

また、口の熱と結びつき、それによって滑らかにされる粒子は、自分も共に燃え上がり、
自分を燃え上がらせた当のものを逆に自分から焼き返す。これは軽いので、頭の感覚器官の
[66a] ほうへ上がり、自分の出会うすべてのものを切る。この働きのために、こうしたものはすべ

て「刺すように辛い」と呼ばれた。

他方、腐敗のために細かくされ、それから狭い管の中へと入り込んでくるものがある。これは管の中に含まれている土の粒子と空気の粒子とも釣り合いが取れている。その結果、こうした空気や土の粒子を動かし、動かされた双方の種類の粒子が、互いに相手のまわりをかき回すことになる。そして、これらの粒子がかき回されると互いを取り囲み、一方が他方に入り込み、この入り込んでくるもののまわりに、中の空ろな膜ができて、そのまわりに張る
[b] ことになる。その中が湿った膜――土を含んでいる場合もあれば、純粋の場合もある――が空気のまわりに張られると、空気の湿った容器、中が空ろな丸い水玉が生じる。中でも純粋な水分からできていて透明な皮膜をなすものは「泡」と呼ばれ、他方、土を含み、全体が一緒に動揺して膨れ上がってくるような水分からできているものは「発泡」や「発酵」と呼ばれる。しかし、これらの影響の原因となるものは「酸っぱい」と呼ばれる。

[c] ところで、以上のものについて語られたことのすべてとは相反する影響がある。それは逆の原因からもたらされる。即ち、入ってくるものの液状である部分の構造が、舌の状態に適していれば、この入ってくる部分がそのざらざら粗くなっている部分を塗りつぶして滑らかにするのである。他方、自然に反して収縮しているものや弛緩しているものについては、後者を引き締め、前者を弛める。そのようにして、これらの部分のすべてを、できるだけ自然な状態に落ち着かせるのである。このようなものはすべて、誰にとっても快く好ましいので、

[66] 無理な影響に対する薬となる。そこで「甘い」と名づけられた。

29

[d] 味についてはこれだけにしておこう。鼻孔の機能に関しては、そこには種類というものが
ない。匂いはすべて中途半端なものだからである。これに対して、〔構成要素の形の〕種類
は、そのどれも、どんなものであれ匂いを持つのに必要な度合を持っていないのである。臭
覚に関わる管は、土や水の類に対しては狭すぎ、火や空気の類に対しては広すぎる。した
がって、誰もかつてこれらのどの一つの匂いも感覚したことがないのである。しかし、何か
[e] が湿ったり、腐ったり、溶けたり、蒸発する時には、匂いが生じる。水が空気に、あるいは、
空気が水に変化する時、匂いはその過渡期に生じたからである。匂いはすべて煙か霧であり、
その際、霧は空気から水に移行し、煙は水から空気に移行する。匂いがすべて、水より繊細
であり、空気より粗大なのはこういうわけである。そしてこのことは、呼吸器官を何かで塞
いで、無理に息を吸い込めば、いつでも明らかになる。その時、どんな匂いも息と一緒に濾
[67a] 過されて出てくることはなく、ただ匂いを奪われた息そのものだけがやってくるからである。
さて、匂いには多種多様のものがあるが、それらは二通りに分かれ、どちらも名前を持た
ない。一定の数のタイプから成り立っているのでも、単純なタイプから成り立っているので

もないからである。ただ、ここでは快いものと不快なものという二つにはっきりと分けて呼ばれている。このうち後者は、われわれの頭の天辺と臍《へそ》の間にあるすべての孔を粗くし、これに無理な作用を及ぼす。他方、前者は、その同じものを宥《なだ》め、再びもとの自然の状態へと返すというありがたい作用を及ぼす。

[b] さて、われわれのうちの第三の感覚器官である聴覚の場合を考察し、どんな原因によってそこに見られる影響が起こるのかを話したい。一般に、音は耳を通じ、脳と血液に及ぼされ、魂にまで伝えられる空気の打撃であり、聴覚は、その打撃によって引き起こされ、頭から始まり、肝臓のある場所で終わる動きである、と規定しよう。そしてまた、次のようであると規定しよう。即ち、動きが速ければ音は高く、動きが遅ければ音は低く、また、動きが均等であれば音も均等で滑らかだが、逆の場合は音はざらざらするのである。また、音が強ければ音も大きく、逆の場合は、音も小さい、と。しかし、音の協和のことは後に話す議論の中で[1]話さなければならない。

[c]

〈29訳注〉

（1） 80a-b.

[67]

30

まだ残されている第四の種類の感覚は、そのうちに多くのいろいろな種類のものを含んでいる。それをわれわれは総じて「色」と呼んでいる。それは、それぞれの物体から流出し、その構成粒子が感覚を引き起こすように視線と度が合っている焔である。[d] 視線について、それが成立する原因についてだけは前に話した。[1] だから、当を得た話をするためには、今度は色について、次のように話すことが、もっともふさわしいことといえるだろう。即ち、他の物体から運動してきて、視線にぶつかる粒子には、その大きさが視線そのものの粒子と比べ、より小さいものも、より大きいものもあり、また等しいものもある。等しいものは、感覚されず、それをわれわれは「透明」と呼んでいる。より大きいものと小さいものについては、前者は視線を収縮させるが、後者は視線を拡張させる。だから、この両者は、肉の場合 [e] の熱いものと冷たいものや、舌の場合の酸っぱく、「刺すように辛い」とわれわれが呼んだ熱する作用のあるもの[2]とは、兄弟分の関係にある。収縮と拡張は〔色の場合は〕「白い」ものと「黒い」ものであるが、これらは前者のもたらす同じ影響が、他の種類のものの中で起こったのであり、そのため違って見えるのである。そこで、視線を拡張するものを「白い」、その逆を「黒い」と名づけなければならない。

また、別の種類の火のもっと急速な運動が視線にぶつかり、これを目のところまで拡張さ

［68a］せ、さらに目の通路そのものを無理に押し開いて溶かす時、それは一方で火と、われわれが「涙」と呼んでいる水を一緒に通路から流れ出させる。他方、その運動自体が火なので、反対側からくる火と出会う時、後者はちょうど稲妻から発するように飛び出し、前者は入っていって、湿気のところで消える。この混合状態の中でありとあらゆる色が生じるのだが、この状態をわれわれは「眩い」と名づけ、またこうした状態を生み出すものを「輝く」とか、「光った」と名づけた。

［b］さらに、この両者の中間である火の種類は、目の湿ったところへ到達し、それと混じるが、光らない。ただし、この火が湿気と混じり、それを通って光ると、血の色を呈し、それをわれわれは「赤」と呼んでいる。

また、輝く色が、赤及び白に混じると「橙色」が生じる。しかし、どれだけの割合で互いに混じり合うのかということは、たとえ誰かが知っているとしても、これをいうのは賢明ではない。そのようなことについては、そのどんな必然性も、真実らしい言論もほどほどにいうこともできないだろうからである。

［c］また、赤が黒及び白に混じると「紫色」になり、この混合物がもっと焼かれ、その上なおも黒が混じると「青紫色」になる。「灰黄色」（ベージュ）は橙色と灰色の混合から生じ、「灰色」は白と黒の混合から、「淡黄色」は白と橙色の混合から生じる。そしてまた、白が輝く色と結びついて濃黒色へと落ち込むと「濃藍色」（コバルトブルー）を作り上げ、濃藍色

[68] が白と混じると「青緑色」、火色が黒に混じると「緋色」ができる。
[d] 他の色についても、それらを一体どのような混合になぞらえれば、とにかく真実らしい言
論を全うできるかは、以上のことからほぼ明らかである。しかし、もしも誰かがこれらのこ
とを考察する時に実地に試してみようとするなら、人間と神の本性の相違について無知であ
るということになるだろう。つまり、神は多くのものを一つのものに混ぜ合わせたり、また
反対に一つのものから多くのものへ分解することについて十分知りもし、そうすることもで
きるが、人間は誰もそのどちらも今もできず、今後もできないだろうからである。
[e] さて、生成するものの中に、もっとも善美なものを作り出す造り主は、かの自足した最高
度に完結した神を生み出そうとした時、これらすべてのものが必然から先に述べたような自
然のあり方をしているものを受け取ったのである。その際、神はそれらのものに見られる原
因を補助手段として用いながら、自分は、生成するものすべての中に善を作り出した。それ
ゆえ、必然的なものと神的なものという二種類の原因を区別する必要がある。神的な原因は、
[69a] われわれの自然のあり方が許す限りの幸福な生を獲得するために、これをあらゆるものの中
に探し求めなければならないが、他方、必然的なもののほうは、われわれが真剣に求めてい
るものも、それらなしにはそれだけでは知ることも、理解することも、その他どんな仕方で
もそれに与ることはできないと考えて、そのなくてはならないものの故に探求しなければな
らないものなのである。

〈30訳注〉
（1）45b-d.
（2）65d-66a.

31

[b]

さて、今や大工のもとに材木が準備されているように、われわれには幾種類もの原因が選別されて準備されている。そこから残りの話を織り上げなければならない。そこで、もう一度手短に最初の出発点へと引き返し、今ここまで到達したわれわれの話の出発点となった同じもとのところまで戻ろう。(1) そして、それからすぐに前にいわれたことに適合した最終的な仕上げをこの物語に付け加えるように努めよう。

即ち、最初にもいったように、先にあげられたものは無秩序な状態にあったのだが、神はそれを比率があり釣り合いの取れたものになることができた限り、最大限に、またあらゆる仕方で、自分自身との関係においても、互い同士の関係においても、釣り合いを作り出したのである。というのは、当時は、それらは、偶然の場合を除き、(2) 比率や釣り合いに与ったことはまったくなく、「火」とか「水」という名称や、その他何でも現在呼ばれているような

[c] [69] 名称で呼ばれるに値するものは何一つなかったからである。しかし、神は、まずこれらすべ
てを秩序づけ、次にそれらからこの万有を、即ち、死すべき、あるいは不死なるすべての生
きものを自分自身のうちに含む一個の生きものを構成した。そして、神的なものについては、
神自身が造り主になったが、死すべきものの生成については、その制作を自分が生み出した
神々（天体）に命じた。そこで、神の子どもたちは、父を真似て、〔父なる神から〕不死な
る魂の始原を受け取ると、次に、その魂のまわりに死すべき身体をまるめて頭を作り、それ
の乗り物として身体全体を与えたのである。また、その身体の中に、魂の別の種類のもの、
つまり死すべき種類のものも組み立てようとした。ところが、この種の死すべき魂は、それ
[d] 自身のうちに怖るべき必然的な情念(3)を持っている。まず第一に、悪へとそそのかす最大の餌
である快、次に、善を回避させる苦、さらに、無思慮な忠告者である大胆や怖れ、宥めがた
い怒り、迷わされやすい期待がそれである。神々はこれらのものを理をわきまえない感覚と、
何にでも手を出したがる情欲に混ぜ合わせて、必然に従って魂の死すべき種族を構成したの
である。

そして、神々は、やむをえない場合を除き、まさにこれらの情念によって神的なもの（知
性）を穢すことがないようにと畏れ憚《はばか》って、死すべき種族を神的なものから離して、身体の
[e] 別の住居に住まわせた。そして、それを隔離するために、頭と胸の間に頸《くび》を置くことで、両
者の境界にあたるものとして地峡のようなものを作った。こうして、神々は、胸の中に、あ

るいは、胸郭といわれているものの中に、魂の死すべき種族を縛りつけようとしたのである。［70a］そして、その死すべき魂の中のある部分は本性的に優れ、ある部分は劣っているので、ちょうど男の住まいと女の住まいを区別するように、胸郭の腔所にも改めて、両者の間に仕切りとなるように横隔膜を置いたのである。さて、魂のうち勝利を好む勇気と気概に与る部分は、頭の近く、横隔膜と頸の間に置いた。欲求の種族のほうが城塞から発せられる知性の指令にどうしても自発的に従おうとしない時に、魂のこの部分が、知性の言葉を聞き、知性と一緒になって欲求の種族を力ずくで抑えるためにである。

［b］また、血管の結節であり、身体四肢の全体を激しく拍動してめぐる血液の源泉である心臓を番兵詰所へ配置した。それは、外部からの欲求、あるいは内部の欲求からであっても、何らかの不正行為が身体諸部分のところでなされているという知性の通告に怒りの種族がかっとなる時、すべての身体の内にある感受性のあるものがどれも、あらゆる狭い〔血管の〕通路を通って、勧告や威嚇を鋭く感知して聞き、それに全面的に従い、このようにして、それ［c］らがもっとも優れた部分に、彼らすべての間で無事に最後まで主導権を持たせるためである。

ところで、怖ろしいことを予期したり、怒りが目覚める時に起こる心臓の動悸に対しては、神々は激昂する部分のこのような昂《たか》ぶりが、すべて火を通じて起こることを予め知っていた。そこで、昂ぶりを軽減する助けになるものを考案して、肺を植えつけたのだが、これはまず第一に、柔らかくて血の気のないものであり、次に、海綿のように内部に穿たれたいく

[70]
[d]
つもの孔があるものである。こうして、息や食物を受けいれることで、心臓を冷やし、灼熱状態にある心臓の元気を回復させ、くつろがせることができるのである。そのために、実際、神々は気管なる導管を、肺のところまで切り開き、肺そのものは、これを心臓のまわりに詰め物のように置いた。そのようにしたのは、怒りが心臓の中で頂点に達する時も、心臓が何かそれに屈するもの（肺）へと弾み、冷やされることで、それだけ労苦も軽減され、こうして、その分だけ余計に、怒りと共に、知性に仕えることができるためである。

〈31訳注〉
（1）「出発点」は、31b-32c.「もとのところ」は48b-c.
（2）53a.
（3）64aでは「（身体全体が共通して）受ける感覚的性質」と訳した。魂の受ける影響を意味する。27の注1参照。

32

また、魂の食物や飲み物や、すべて身体の性質のために必要になるものを欲求する部分を、横隔膜と臍に面した境界との間の領域に住まわせ、この場所全体に、身体を養うために、いわば飼い葉桶のようなものを作り上げた。そして、魂のこの部分を、獣のようにそこ
[e]

に繋ぎ止めた。この獣は野生だが、もしも死すべき種族が存在しなければならないのであれば、〔他のものと〕一緒に養わないわけにはいかない。そこで、神々が魂のこの部分にこの位置を与えたのは、飼い葉桶のところで食べ、熟慮する部分からできるだけ遠く離れて住み、[71a] こうして、できるだけ騒いだり叫ぶことなく、最上の部分が静かに自分のためにも皆のためにも、すべてのものにとって有益なことについて熟慮するのをそのままそっとしておくためだった。

ところで、神々は魂のこの部分が知性の言葉を理解することはなく、たとえ何らかの仕方でそのような言葉をいくらか感知するとしても、言葉を気にかけるということは、この部分の性分ではないだろうということ、他方、昼も夜も、影と幻によってもっとも惑わされると [b] いうことを知っていた。そこで、神[1]はまさにこの傾向に配慮して肝臓を構成し、これを魂のかの部分の住処へと置いた。神はそれを緻密で、滑らかで、光沢があり、甘いが苦くもあるものに仕組んだが、それは知性から送られてくるいろいろな考えの力が、ちょうど印影を受けいれ目に見える映像を映し出す鏡の中でのように、肝臓の中で、魂のこの部分を怖れさせるためだった。つまり、考えの力が、肝臓に内在する苦さの部分を利用して、近づいて厳しい命令でそれを脅かすのである。その苦さを肝臓全体に急速に浸透させ、そこに胆汁色を映 [c] し出し、全体を萎縮させ、皺が寄ったざらざらしたものにし、そして、肝葉を正常な形から曲げて縮め、また胆嚢と肝門を塞いだり閉じたりして、苦痛や吐き気を与える時はいつでも、

[71] この部分を怖れさせることができるのである。そしてまた、今度は、思考の穏やかな息吹が、まったく反対の幻像を描き出す時は、自分自身とは反対の性質をかき立てようとはしないことで苦さを鎮める。他方、肝臓の生来の甘さをその器官のために利用して、そのすべての部
[d] 分を正常な状態へと戻して、真っ直ぐで、滑らかで、自由なものにし、こうして、肝臓のあたりに宿る魂の部分を優しい幸せなものにするであろうし、夜にはそれは言論や知力には与っていなかったので、夢による予見の力を働かせ、節度をもって過ごさせるだろう。なぜなら、われわれを構成した神々は、死すべき種族をできるだけ最善のものにするという父の
[e] 命令を覚えていたので、われわれの卑しい部分をも正そうとして、そんな部分も何らかの仕方で真実に触れるように、その中に予見の座を置いたからである。

　神が予見の働きを、人間の知力を欠いた状態に与えたことには十分な証拠がある。人間は誰も正気の状態では霊感に満ちた真実の予見をすることはできず、眠っていたり病気のために、知力が束縛されていたり、あるいは、何かの神がかりが変化をもたらすような場合にしか予見することはできないからである。むしろ、夢や現《うつつ》で語られたことを思い出しながら理
[72a] 解すること、また、幻像として見られた限りのすべてのものが、一体どんな仕方で、誰に対して、未来や過去や現在の凶事か吉事の合図をしているのかを推理によって判断するのが、正気な人がなすべきことである。他方、狂気に陥り、なおもその状態にとどまっている人が、見たものや口に発したことを判断することは、その人の仕事ではない。むしろ「自分のこと

［b］を行ない自分自身を知ることは、節度あるものにのみふさわしい」という昔から諺は至言である。神がかりの予見には、これに判断を下す解釈者の種族を設けるのが習慣になっているのはこのためである。彼らのことを「予見者」と名づけている人々もあるが、そのような人々は、謎の形で語られたことや幻像の解釈者であって、予見者ではなく、むしろ、予見する人々の解釈者と名づけられるのが一番正しいということをまったく知らないのである。

さて、肝臓の性質がここでいわれているようなものであり、われわれがいっている場所にあるのは以上のことのため、即ち、予見のためである。そして、それぞれの動物がまだ生きている間は、このような種類の器官は比較的明瞭な徴を見せるが、生命が奪われると、盲目になり、それの与える予見も、何らかの明確なものを合図するにはあまりにも漠然としている。［c］

さらに、肝臓の左側に隣り合っている内臓（脾臓）は、肝臓をいつも輝き、きれいにしておくためにあるという構造になっている。ちょうど鏡の傍らにいつでも使えるように用意して置いてあるナプキンのようなものである。それゆえ、身体の病気のために、肝臓のあたりに何らかの汚れが生じる場合には、脾臓は、内部が空で血の気のないものに織られているので、その目の粗い組織が、汚れを全部きれいに落として吸収する。それゆえ、脾臓は、除去された汚れでいっぱいになると化膿して大きく膨れ上がり、また身体が浄化されると、腫れは引き、再びもとの大きさにまで小さく凋《しぼ》むのである。［d］

[72]

〈32訳注〉

（1）ここでは単数形で「神」といわれているが、身体の諸部分を作る「神々」を指す。直前に出てくる「神々」と同じである。

33

さて、魂についてどれだけの部分が死すべきもので、どれだけの部分が神的なものか、また、それはどこにあるのか、どんな器官と関係があるのか、なぜ互いに離れて住まわされることになったのかということについてその真相が語られたとは、神が同意した時にだけ断言できることである。しかし、われわれが語ったことが、少なくとも、真実らしいものであることは、今も、そして、もっと子細に吟味する時も、あえて主張しなければならず、その主張はなされたものとしよう。

次の問題も、同じ方針で追求しなければならない。それは身体の残りの部分がどのように

[e] して生じたかということだった[1]。次のような推理が〔身体の残りの部分の〕構成をもっともよく説明することになるだろう。

われわれの種族を構成した神々は、われわれが飲み物と食べ物に対して節制がきかなくな

ること、また、大食らいであることから、適量や必要量を上まわる分を食べるだろうということを知っていたので、病気のために、死すべき種族が急速に滅び、完成にいたる前にたち
[73a] まち死ぬことがないように、これを予防するために、過剰になるであろう食べ物と飲み物を収容する容器として、「下腹部」と名づけられているものを作り、腸をそのまわりに巻いた。それは、食べ物が速やかに通過し、またすぐに次の食物を要求することを身体に強い、果てしない食欲を起こさせないためであり、このような大食らいであることが、われわれの種族全体を、知を愛し求めることもなければ、音楽や文芸のたしなみがなく、われわれのうちにあるもっとも神的なものに耳を傾けないものにしてしまうということがないためである。

[b] 骨や肉、またそれと同じ本性のものについては次のようだった。まず、これらすべての出発点は髄の形成である。というのは、生命の絆は、魂が身体に結びついている時には、この髄の中に固く縛られ、死すべき種族をここに根づかせているからである。しかし、髄そのものは別のものから生じた。

即ち、神は例のそれぞれの同種の三角形の中から、歪みがなく、滑らかで、それゆえ、その正確さのために火・水・空気・土を生み出すのに特に適している第一の三角形を区別して
[c] 選び出した。そして、それらを互いに均衡が取れるように混ぜ合わせ、それらから、死すべき種族全体のために、すべての種子の混合体を考案し、髄を作り上げたのである。次に、髄の中に魂のさまざまな種類の魂を植えつけ、そこに縛りつけた。そして、神は、最初の配分

[73] をする時に、すぐに髄そのものを、魂の種類が持つことになっていた数と形の種類に対応する数とそのような種類の性質の形に区分しようとした。それから、神的な種子を自分の中に受けいれることになる耕地のような役割を果たす部分のあらゆる面を丸い形にし、個々の生きものが完成した時には、この部分を受け入れる容器が「頭」になると考えて、髄のこの部
[d] 分を「脳（頭内）」と名づけた。[2] 他方、魂の残りの部分である、死すべき部分を押さえておくことになる髄の部分は、丸くて、同時に長い形に区分し、そのすべてを「髄」と名づけ、そして、錨からのように、それらのものから魂全体を綱止めておく索を投げると、この髄の
[e] まわりに、われわれの身体全体を作り上げにかかったが、その際、まず、その全部のまわりに、骨の覆いを固めることから始めた。

骨は次のように構成した。即ち、純粋で滑らかな土を篩いにかけ、これをこねて髄に浸した。次に、これを火の中に投じ、それからそれを水に浸し、もう一度火へ、さらに水へと移した。そしてこのようにして、何度も、これからあれへ、またあれからこれへと移しかえることによって、これを両者のどちらにも溶かされることのないものに仕上げた。そこで、こ
[74a] れを使って、生きもののまわりに骨の球をぐるりとめぐらせたが、それに狭い出口を残しておいた。そして、頸を通る、また背中にある髄のまわりに、同じ材料で脊髄を形作り、これを頭から始めて体腔を貫いて、蝶番の軸のように下の方へ延ばした。このようにして、すべての種子の安全を守るために、石のような囲いでまわりを保護した。その際、この脊椎

が動いたり曲がるように、その部分部分の間に異の性質を介在者として利用することによって、その中に関節を作った。

[b] さらに、神は骨の性質が必要以上に砕けやすく、曲がりにくいこと、そして、それが灼熱し再び冷えると、壊疽にかかって、すぐに自分の中の種子を台無しにしてしまうと考え、そのため、腱と肉の種類を次のようになるよう工夫して作った。即ち、まず緊張したり弛緩したりする腱で四肢をすべて結び合わせ、そうすることで、身体が軸のまわりで曲がったり、伸びたりできるようにした。他方、肉を炎熱を妨げ、寒さを防ぐものにしたのである。さら
[c] に、転倒した時の傷にそなえて、肉をフェルトでできた覆いのように〔それに衝撃を与える〕物体に対して柔軟に穏やかに撓《たわ》むようにした。そしてまた、自分のうちに温かい水分を含み、夏には、発汗して外側が湿り、こうして、身体全体に、内発的な冷たさをもたらし、冬には、逆に、外から押し寄せまわりを囲む凍てつく冷気を、この火[3]によって適度に防ぎ止めてくれるようにした。このようなことを考えて、われわれをまるで蝋人形のように形作っ
[d] た制作者は、水と火と土とで混合物を作って調合し、酸っぱいものと塩辛いものから発酵混合物を合成して、それを先の混合物に混入し、そのようにして、汁気の多い柔らかな肉を構成したのである。また、腱は、骨と発酵していない肉を混和させ、黄金色の両者を一体とした一つの中間的性質のものとして作り上げた。こういうわけで、腱は肉よりも張りがあって粘着力があるが、骨よりも柔らかで湿り気がある性質を持つことになったのである。そして、

[74] [e] 神はこれらのもので骨と髄とを包んだが、まず腱で骨を相互に結び合わせ、次に、肉でそのすべてを上から覆った。

さて、神は、骨の中でももっとも魂を含んでいた部分は、もっともわずかな肉で囲ったが、内部にもっともわずかしか魂を含んでいない部分は、もっとも多くの緻密な肉で囲った。さらに、骨と骨の接合部では、そこに肉がなくてはならないというような必然性が理論的に明らかにされない限り、少しの肉しか生じさせなかったが、それは肉が屈折の邪魔になって、身体を動きにくく鈍重にしたり、また、多量の緻密な、互いにぎっしりと詰まっている肉が、その堅固さのために内部を無感覚にし、思考を物覚えの悪い、鈍いものにしないためだった。
[75a] それゆえ、大腿、下腿部、腰部、上膊《はく》〔上腕〕、前膊〔前腕〕の骨、あるいはその他、われわれの身体のうち、関節のない部分や、内側の骨は、すべて十分な肉で埋められている。髄の中には魂がわずかしかなく、そのため知性を欠いているからである。しかし、知性を持っている部分には、肉はわずかしか身についていない。もっとも、おそらく例えば舌のように、神が肉を感覚のためにだけ構成したというような場合は別である。とにかく、大部分は
[b] 今いった通りである。というのも、必然から生じ、それと共に育まれる自然の本性は、緻密な骨や多量の肉を受けいれながら、同時に鋭敏な感覚をも受けいれることはない。もしもこれらが共存する気になれば、何よりも頭の組織がそれを取りいれていたであろうし、人間の種族は、肉が厚く、腱の多い丈夫な頭を持ち、今よりも二倍も、いや、何倍も長命で、より

健康で、苦痛の少ない生を手に入れていただろう。しかし、実際には、われわれを生み出し [c] た造り主である神々は、長命だが劣った種族を作り上げるか、短命だが優れた種族を作り上げるかを勘考し、長くても劣悪な生涯よりは、短くても善い生涯をこそ、誰もがどんなにしてでも選ばなければならないと考えることで一致した。だから、頭を粗い骨でまわりを覆ったが、肉も、また頭には屈折するところがないので、腱も用いなかった。そこで、すべてこのようなわけで、すべての人間の身体には、それが据えられている身体よりも敏感で知的だが、強健さではずっと劣る頭が付け加えられたのである。

[d] また、神は腱を、同じ理由で同じように、ただ頭の最下端までの下の範囲だけに、頸をまるく取り囲むように配置し、そのまわりに均等に膠着させ、この腱で頸骨の端を顔の下のところへ結びつけた。そして、腱の他の部分を関節と関節を接合して、四肢の全部に分散させた。

[e] さらに、秩序づけをなす神々は、われわれの口を歯と舌と唇で必要なものと最善のもののために、現在配置されているように秩序づけた。つまり、口を、必要なもののためには入り口、最善のもののためには出口となるように工夫したのである。身体に入ってきて養分を与えるものはすべて必要なものであり、他方、外へ流れ出て、知的活動に奉仕する言葉の流れこそ、あらゆる流れの中でもっとも立派で善いものだからである。

しかしまた、季節には寒さ・暑さの両極端があるので、頭をむき出しの骨のままで放って

[76a] おくことも、完全に覆い尽くされて、多量の肉のために、鈍い、無感覚なものになるのも見
過ごすわけにもいかなかった。そこで、肉の類がまだ乾ききらない間に、現在、皮膚と呼ば
れている余分に大きな外皮が、肉から分離していった。そして、これが、脳のところの湿気
によって、それ自身で一つに集まって生長し、頭のまわりをすべて包んだ。そして、この湿
気が縫合の下に上がってきてこれを潤し、顱頂《ろちょう》〔頭頂〕でこれをちょうど引きまとめて結び
目を作るようにして閉じた。この縫合には、循環運動と養分の作用のために、ありとあらゆ
[b] る型が生じた。つまり、この循環運動は互いに争えば争うだけ、縫合の数も多く、争いの度
合いがさほどでもなければ、縫合の数も少ないのである。

この皮膚のまわり一面を、神的な部分〔である脳〕が火で刺し貫き始めた。ところが、そ
のようにして皮膚に穴が穿たれ、そこを通って、湿気が外へと運ばれると、純粋で温かい水
分は出て行くが、皮膚と同じ成分で構成された混合物のほうは、この運動によって引き上げ
られ、穿たれた孔と同じ細さで外へ長く伸びていった。しかし、その動きはゆっくりとした
ものだったので、まわりを取り巻いている外気によって内側に押し戻され、もう一度皮下に
[c] ぐるぐる巻きに捩《ね》じ込められ、根を下ろすことになった。これが、皮膚に毛髪の類が生じた
過程である。つまり、毛髪は皮膚と同じ材料によってできた繊維状のものだが、個々の毛髪
は、皮膚から分かれて出る時に、冷やされ、そのために圧縮されたので、そのような冷却に
よる圧縮のために、皮膚よりも堅くて緻密なものなのである。実際、制作者である神は、こ

の種のもので、今語られた原因を用いて、われわれの頭をもじゃもじゃしたものに仕上げた。その際、神の意図は、それがむきだしの肉の代わりに、脳の安全を守るための覆いにならなければならないというものだった。その覆いは軽く、夏には影を、冬には庇護する覆いを十分提供し、しかも感覚の鋭敏さの妨げや障害にはいささかもなってはならないのである。[d]

また、指のところで、腱・皮膚・骨が絡み合ったが、この三者を成分とする混合物は、すっかり乾燥すると、この三つ全部の形成物である一つの堅い皮膚になった。これらはその制作にあたっての副原因だったが、その制作の最高の原因である目的は、後に生まれるはずのもののためだった。われわれを構成した神々は、男から、女や他の獣がいつか生まれてくることを知っていたし、とりわけ、そうした畜類の多くが、いろいろの目的のために爪を使うことが必要になることも知っていた。そこで、人間が生まれるとすぐに、萌芽的な仕方で形成された爪を持つように配慮した。これが神々が、皮膚、毛髪、また四肢の尖端に爪を生じせしめた理由、原因だったのである。[e]

〈33訳注〉

（1）62c-dを参照。「われわれは肉及び肉に付随するものの成り立ちや、魂の死すべきである部分の成り立ちについてはまだ話していない」。

（2）脳は、原語では字義通りには「頭（ケパレ）の中（エン）」（エンケパロス）という意味である。

（3）前にいわれた水分に含まれる熱のことである。

34

[77a] ところで、死すべき生きもののすべての部分、すべての四肢が結び合わさって一体化すると、その生きものは、火と空気の中で生きることが必然になったが、そのために、この火や空気によって、溶かされたり空にされたりして衰弱していったので、神々はこの生きものに救済策を講じた。即ち、人間の性と同族の性のものを、他の形態と他の感覚機能に混ぜ合わせ、別の生きものになるようにして植えつけたのである。この生きものが、実は現在、農耕によって養成されて、われわれに馴れるようにさせられている栽培された木や植物や種子
[b] である。しかし、最初は、われわれの栽培された種類よりも古くからある野生の種類しかなかった。これらの植物を「生きもの」（ゾーオン）と呼んでもいいのは、「生命」（ゼーン）に与っているものはどんなものでも、この上もなく正確に「生きもの」と呼ばれる資格があるからである。[1] とはいっても、今われわれが話題にしているものは、魂のうちでも、第三の種類のもの、つまり、横隔膜と臍の間に座を占めているといわれたあの種類のものに与っているものである。[2] この種の魂は、およそ思いなしにも推理にも知性にもまったく与らず、ただ、快・苦の感覚と欲望だけに与っている。この生きものは、どんな作用も受けいれ続け、それが生まれた時、自分に固有の動きを行使して、自分で自分の内部で、自分のまわりを回

［c］

転し、外からくる動きを押しのけることによって、自分自身にかかわる事柄の性質を観察して何かを推理するという能力を賦与されなかったのである。だからこそ、これはたしかに生きていて、生きもの以外の何ものでもないのだが、自発的に動くことができないので、じっとしており、根を下ろし固着してしまったのである。

〈34訳注〉

（1）「生きもの」（ゾーオン、複数形はゾーア）は「生命」（ゾーエー・名詞）と語源が同じである。ゾーオンは動物と訳されることがある。ここでは、植物は、動物ではないが、生命に与っているので、生きものと呼ばれてしかるべきであるという意味である。

（2）69eを参照。

35

力の優れた神々は、力の弱いわれわれに、糧としてこれらすべての種族を植えつけると、われわれの身体そのものに流れが注いできて身体がそこから灌漑されるように、庭にある水を引くための溝のようなものを切り開いて備えた。そして、まず最初に、皮膚と肉とがくっついて一体をなしているところの下に、身体がたまたま左右を備えた二重のものであるのに

［d］

[77] 対応して、暗渠という形で、背中に沿って二本の血管を切り開いた。そして、これらの血管を脊髄に沿って、生殖力のある随をも間に挟むように下に垂らした。それは、一つには、この随ができるだけ元気であるように、また一つには、ここからそれ以外の部分に下に向かう血液の流れが容易になり、灌漑が満遍なく行なわれるためである。次に、神々は、頭のとこ [e] ろでこれらの血管を裂き、編み合わせて、身体の右からきた血管は左の方へ、左からきた血管は右の方へ傾斜させ、互いに交差して逆方向に出るようにした。これは、頭がその天辺のところではまわりを腱で囲まれていなかったので、血管が、皮膚と共に、頭を身体に結びつける索の役目を果たすためであるのと同時に、特に、左右どちらかの部分からやってくる感覚の影響も、それらが共に身体全体にはっきり知られるためである。

[78a] そのすぐ後、神々は灌水を次の仕方で準備したのだが、次のことに予め同意しておけば、いっそう容易に理解できるだろう。即ち、小さい粒子から成り立っているものは、それよりも大きい粒子を遮断するが、大きな粒子から成るものは、それよりも小さい粒子の漏れを遮断できないということである。そしてまた、火は、あらゆる種類の中で一番小さい粒子から成り立っているので、水、土、空気を、またそれらから成り立つどんなものも通り抜け、何ものも火を遮断することはできないのである。そこで、同じことをわれわれの腹腔について [b] も考えなければならない。つまり、腹腔は、食物や飲み物がそこへ落ち込むような時は、それらが漏れるのを塞いで保持するが、空気と火は、その粒子が腹腔そのものの粒子よりも小

さいので、保持することができないのである。

そこで、神は、腹腔から〔二本の〕血管までを灌漑するために、空気と火を利用した。つまり、空気と火を材料にしてこれを組み合わせ、ちょうど「筌《うえ》」のような編み細工（1）を作ったのである。これは入り口のところに、二重になった漏斗状の口を持ち、その一方を、神はさらにもう一度、二股に編んだ。そして、漏斗から、編細工の末端に向かって、端から端ま[c]でまわり一円に、いわば葦の縄を張り渡した。神は、この編細工の内部をすべて火で構成し、漏斗状の口と胴体は空気から作った。そして、これを取り上げ、形作られた生きもののまわりに、次の仕方で取り付けた。即ち、漏斗状の口の部分を口の中に挿入したのである。ところが、この漏斗は二重になっていたので、その一方を気管に沿って肺へと垂らし、他方を気管と並べて腹腔へと垂らした。そして、前者を裂いて、裂かれたそれぞれの部分を鼻腔を[d]通っての共通の出口にした。こうして、もう一方が口を通らない時は、この通路の流れもすべて先の〔鼻を通る〕方から補充されるようにした。また、筌の他の部分、つまり胴体を、われわれの身体の腔所全体のまわりに取り付けた。そして、筌の胴体全体が、ある時には、漏斗状の口へと穏やかに——というのは、漏斗は空気なのだから——合流して流れ込み、またある時には、漏斗のほうが逆流するようにした。そして、編細工が、目が粗い身体を通り抜け中へ滲みこんだり、外へ滲み出すようにし、そして、火の線が〔この空気製の外枠の〕内部にしっかり縛りつけられているので、空気の動きにつれて、どちらの方向にでもついて

[78]

[e] いくようにした。しかもまた、この過程には、とにかく死すべき生きものが動いている限り、終わることがないようにした。吸気・呼気という名称を定めた人は、まさに今いったような過程に対して、これらの名を付したとわれわれは主張する。

これらの作用や、それを受けることのすべてが、われわれの身体を潤したり冷やしたりして、身体を養い、生命を維持することになった。入ったり出たりする息と結びついている内部の火がこれに伴って動き、腹腔を通り抜けていったりきたりして、腹腔へ入っていく際に、

[79a] 食物や飲み物をとらえる時は、火はいつもそれらの食物や飲み物を溶かし、これを細分して、出口を通って自分の進む方向へと運んでいき、ちょうど泉から水路へ流れ出すように、血管に向かって流れ出すようにし、こうして、血管の流れを、ちょうど水路を通るように、身体を通って流れるようにするからである。

〈35訳注〉

(1) 魚などを捕まえる猟具。全体の形は壷のようであり、胴体部に通じる漏斗状の口がついており、胴体部は末端に向けて細くなる。魚は中に入ってはくるが、出ていくことはできない。

36

しかし、呼吸において何が起こっているか、それがどんな原因のために、現にあるようなものになったかをもう一度見ることにしよう。それは次のようである。

即ち、どんなものであれ、動いているものがそこへと入っていくことができる空虚というものはまったくないのである。しかもまた、息はわれわれのところから外へと動くので、次に何が起こるかは、もう誰にも明らかだろう。つまり、息は空虚に向かって出ていくのではなく、隣にある空気をその座から押し出すことになるのである。ところが、押し出される空 [b] 気は、隣にある空気を追い出し、この必然性に従って、全体はぐるぐる回りに追われて一巡し、先の息が出ていったそのもとの座へと入ってその座を埋め、先の息のすぐ後に続くことになるのである。そしてこのことは、空虚というものはまったくないので、車輪が回転する場合のように、全部が同時に行なわれる。

したがって、胸部も肺も、空気が外へと放たれると、身体のまわりの空気がぐるぐるまわりに追われて、目の粗い肉の組織を通って、中へと浸透してくる空気によって再び満たされ [c] る。そして今度はまた、空気は向きを転じて、身体を通って外へ向かう時には、息を口腔と鼻腔の通路に従って、中へとまわり押しに押し込める。

ところで、このような過程はどのように始まったのか。その原因は、次のようなものとし

[79] [d] なければならない。即ち、どんな生きものも、その内部の、血液や血管に近い場所がもっと
も熱く、いわば生きもの自身のうちに火の泉があるのである。これはわれわれが筌の編細工
になぞらえていたものである。つまり、われわれは、その中心部は、端から端まですべて火
で編まれているが、外側にある他の部分はすべて空気で編まれているといっていたのだった。
さて、熱いものは、本性上、自分自身の場へ、自分と同族のものを目指して外へ出ていくこ
とに同意しなければならない。ところが、出口は二つあり、一つは、身体〔の小穴〕を通っ
[e] て外へ向かい、もう一つは、口腔と鼻腔を通って外へ出る。したがって、熱い空気が、その
うちの一方の出口にあるもの〔空気〕に向かって突進する場合はいつも、まわり押しに押し
ていって、もう一方の出口にある空気を押すことになる。押された空気は火の中へ落ち込む
ので、熱せられる。他方、外へ出て行く空気は冷やされる。ところが、熱さが変化して、一
方の出口を通って〔身体内に入り込んでくる〕空気のほうがより熱くなってくると、この熱
くなった空気は、自分自身に本性的に似たものに向かって〔外へと〕動こうとするので、そ
ちらの方向へと再び向きを逆転する傾向がより強くなり、こうして、この空気は、もう一
方の出口を通る空気をまわり押しに押すことになる。そして、この空気がまた同じ作用を受
け、その都度同じ作用を返し、このようにして、それは、〔被作用と反作用の〕両者によっ
て、あちらこちらに揺れ動く円環運動を作り出して、吸気と呼気を生ぜしめるのである。

37

［80a］

さらに、医療用の吸角(1)に起こる現象も嚥下の現象も、また、空中に投げ出されたり地上を運動する発射物体の現象も、それらの原因は、以上のような方針で追求するべきである。また、高音と低音として現れる速い音と遅い音についても、時には、運動の途上で、われわれのうちに作り出す動きが均一性を欠く時には、これらの音は不調和であるが、運動が均一性を持っている時には、音は調和しているのはなぜかという原因を追及しなければならない。即ち、〔後者の場合は〕より遅い音が先に到着したより速い音の運動に追いつく時には、後者の運動は休止しようとしていて、既に、遅いほうの音そのものが後からこれに付加して与える運動と同質になってしまっているのである。そこで、遅い音が速い音に追いついても、

［b］

別の運動を付け加えるけれども、攪乱することにはならない。むしろ、遅いほうの運動の始めを、より速いけれども休止の途上にある運動と同質のものにして、より速い運動に結びつけることになり、こうして、高と低を混合して、一体化された感覚印象をもたらすのである。そして、そうしたことから、愚か者には快楽をもたらしたが、思慮ある者には死すべき運動の中に神的な調和の似像が生じたので、歓喜をもたらしたのである。

［c］

さらにまた、あらゆる水の流れや、さらに落雷や、琥珀や磁石がものを引きつけるという不思議な現象のどれにも吸引力は存在しない。むしろ、空虚が存在しないということ、これ

[80] らのものが自分たち同士を互いにまわりへと押しやるということと、各々のものが分解したり、結合して、自分自身の座を求めて、場所を変えて動いていくという、こうした事象が互いに絡み合って、そのために、今いったような手品のような現象を生じているので、それは適切な探求をすれば、明らかになるだろう。

〈37訳注〉

（1）皮膚に吸着させて悪血、膿汁などを吸い上げるガラス製の器具。

38

[d] 今の話は呼吸から始まったのだが、呼吸も先に述べたように、以上の仕方で、以上の手段で起こったのである。その場合、火は〔腹腔の中で〕食物を切り、息に伴ってわれわれの内部で揺れ動く。そして、このように揺れ動くことによって、切られた切片をその場から汲み出すという仕方で、腹腔から血管を満たす。そして、まさにこのゆえに、養分の流れが、このようにしてあらゆる生きものの身体の全体に流れ込むことになった。ところで、新しく [e] 切られた食物は、自分と同種のものから——神がまさにわれわれに食物として供するために植えた果実や野菜から——切り取られ、混じり合うことによってあらゆる色を帯びているが、

[81a] そこでは赤色、つまり液の中で火を切り、そこに自分の印影を押捺するという作用の結果、作り出された色が、一番よく行き渡っている。こういうわけで、われわれの身体の中に流れる液の色は、われわれが叙述した外観を取ることになったのであり、これをわれわれは「血液」と呼んでいる。これは肉にとって、さらに身体全体にとっての飼料となり、そこから身体各部は灌漑されて、空になった部分の根元を満たすのである。ところで、満たされることと空になることとは、宇宙の中で、あらゆるものの運動が起こった場合と同様の仕方で起こる。つまり、すべてのものは、自分と同じ種類のものへと動くのである。外部にあって、われわれを取り巻いているものは、絶えずわれわれを溶かして、それぞれの種類のものへとそれと同じ種類のものを送り出して分配するが、他方、血液の中に含まれているもののほうは、[b] われわれの内部で細かく砕かれ、天球によって取り囲まれているように、構成された個々の生きものによって取り囲まれているので、宇宙の運動を模倣しないわけにいかないからである。つまり、われわれの内部で分解された各々のものは、各自自分と同じ種類のもののほうへと動いていって、ちょうどその時、空になった部分を再び補充するのである。

さて、流れ込んでくるよりも多くのものが出て行く場合はいつも、すべては減少するが、出て行くもののほうが少ない場合は、増大する。そこで、生きもの全体の組織体がまだ若く、[c] 構成要素である三角形も、造船台から出てきたばかりのように、真新しい場合には、三角形同士はしっかりと接合しているが、その組織の魂全体は、何分にも、つい今し方髄から

[81] 生まれたばかりであり、また乳で養われてきたので、柔らかいのである。だから、何か食物
や飲物を構成している三角形がこの若い組織の中に外部から入り込み、そこに取り込まれる
と、外部から入り込んできた三角形は、若い組織自身の三角形よりも古くて弱いので、この
組織は、新しい三角形で侵入者の三角形を切って征服し、同種の三角形多数で、この生きも
のを大きくする。しかし、これに対して、三角形が、長い間にわたって、数々のものを相手
[d] に闘いを数多くしてきたために、その根が緩む場合には、もはや入ってくる養分の三角形を
切って、自分自身に同化することができなくなり、自分のほうが、外部からの侵入者によっ
てたやすく分解されることになる。そこで、どんな生きものでも、この闘いに負けると衰え
る。このような状態が「老年」と呼ばれるのである。そしてついに、髄のところで組み合わ
さっていた三角形の絆が、労苦のために、もはや持ちこたえられなくなって切れると、それ
[e] が今度は、魂の絆を解く。そして、魂は自然に解放されて、快く飛び去っていく。自然に反
したものは、どんなものでも、苦痛だが、自然に起こるものは、快いものだからである。死
もまさに同様に、病気や障害によるものは苦しく、強いられたものだが、老いと共に、自然
に終局に向かうものは、およそ、死の中でも、もっとも苦痛が少なく、苦痛よりも快楽を伴
うのである。

39

[82a] ところで、病気がどういうところから起こるかは、おそらく誰にも明らかだろう。というのは、身体を組み立てているものには、四種類のもの、つまり、土・火・水・空気があるが、それらが不自然に過多になったり、不足したり、また、本来の自分自身の場所から、他のところへ場所を移したり、さらには、火やその他のものには一つ以上の種類があるが、身体各部が自分に不適当な種類のものを取り入れたり、あるいは、すべてこれに類したことがあれば、こうしたことが、不和や病気をもたらすからである。それぞれのものが自然に反して生[b]じたり、場所を変えると、以前は冷たかったものが熱くなる。また、乾いていたものが湿ったものになり、軽いものと重いものも同様である。それらのものがあらゆる変化をあらゆる仕方で被るのである。われわれが主張するところでは、同じものが同じ仕方で、恒常不変に、また、一定の比率に従って、付け加わったり、除去されたりする場合にのみ、ものは自己同一を保ち、無事で健康なままでいられるのである。他方、何かが入ってきたり、出ていったりする時に、この限度を超えて調子を外すと、それは多種多様な変化と数限りない病気と死をもたらすだろう。

[c] さらにまた、自然に構成されている二次的な組織体があるので、病気について理解したい人には、第二番目の考察が成立する。髄や骨や肉や腱は、かの四種類のものから組み立てら

[82] れているので――血液も、方法は違っても、同じものから組み立てられている――他の大多
数の病気は、前に述べたような仕方で起こるからである。しかし、病気の中でもっとも重篤
なものは、これらの組織の生成が逆行して行なわれる時に起こる。この時、これらの組織は
壊滅するのである。

　というのは、肉と腱が血から生じるのが自然だからである。つまり、腱は同種のものであ
[d] る繊維素から成り立ち、肉は、繊維素が除去された後、血液が固まってできる凝固体から生
じるのである。そして、今度は、腱と肉から分離した粘着性の脂ぎったものが、肉を骨に膠
着させ、自らも髄のまわりの骨を養って生長させることになる。さらに、緻密な組織を通し
て漉される、もっとも純粋で、もっとも滑らかで、つややかな種類の三角形を形作る部分が、
[e] 骨から注ぎ出し、滴り落ちて、髄を潤すことになる。それぞれのものが以上の順で生じるの
なら、大抵の場合、結果として健康が生じるが、順序が逆になると、病気が生じるのである。

　即ち、肉が溶けて、その溶けたものを、血管の中へと放出する時、血管の中には、空気だ
けではなく、多量のあらゆる種類の血液が生じるが、この血液は、色や苦さ、さらに、酸っ
ぱさや塩辛さにおいても多種多様で、ありとあらゆる胆汁、漿液、粘液を孕んでいるのであ
る。つまり、こうしたもののすべては、不当に返り咲いたものであり、堕落しているので、ま
[83a] ず第一に、血液そのものを破壊し、さらに、自分ではもはや身体に養分をもたらさず、循環
の自然の順序を保つこともはやなく、血管を通ってあらゆるところに進んでいく。その際、

自分たち同士の間でも、互いから利するところがまったくないので、互いに敵となり、身体の組織を形成して、自分の持ち場に留まっている部分に対しても、その敵となり、これを滅ぼし、溶かすのである。

[b] さて、肉のうちでももっとも古いものが溶ける場合には、そのようなものはすべて消化されることを拒むので、長く焼かれてきたために黒くなり、また、いたるところで蝕まれているので、苦くなって、身体のうちのまだ腐敗していないすべての部分に対して、激しい攻撃を加える。そして、時として、苦いものがもっと微細化されて、黒い色が、苦さの代わりに、酸っぱさを取ることもあれば、また時として、その苦いものが血に浸されて、前よりも赤い色を取ることもあれば、また、この赤い色に黒色が混じって、草色になることもある(1)。さらに、若い肉が炎症の火で焼かれる時には、黄金色が苦さに結びつく。そして、これらすべてに対して共通の「胆汁」という名前を与えたのは、医師たちだったかもしれないし、あるいは、互いに似ていない多くのものを見て、そのすべての中に、一つの名前で呼ばれるに値する一つの類があるのを見分ける能力がある人だったかもしれない。しかし、胆汁の種と呼ばれる他のすべてのものは、そのそれぞれが、その色に応じて、それ自身の固有の定義を持っている。

[c] ところで、漿液については、血の上澄みのほうは穏やかだが、黒くて酸っぱい胆汁の漿液のほうは、熱のために塩辛い性質と混じり合う場合は、激しいものになり、このようなもの

[83] [d] は「酸っぱい粘液」と呼ばれている。さらにまた、若くて柔らかい肉から溶けてできており、
空気を伴っているものは、空気を孕み、水分によって包み込まれる時、この状態から泡が形
成される。それぞれの泡は小さいので目に見えないが、全部が一緒になると、そこに泡が生
じ、白く見えるので、目に見える固まりになる。そこで、われわれは、この、息と絡み合っ
ている、柔らかい肉の溶けたもののすべてを「白い粘液」と呼んでいる。さらにまた、新し
[e] く形成され粘液の上澄みである「汗」や「涙」や、その他それに類した、日々、排泄して流
し出される物体がある。そして、これらすべては、血が、自然な仕方で、食物や飲物から充
たされるのではなく、自然の慣わしに反して、反対の〔有害な〕ものから、その嵩を増す時、
病気を引き起こす道具になる。

　さて、肉のある部分が病気によって分解されても、肉の基底が存続している限り、災いの
[84a] 力は半分のものでしかない。まだ容易に回復しうるからである。しかし、肉を骨に結びつけ
ているものが病み、それ自体が肉と骨からも、また腱からも分離しているために、もはや
骨に栄養を与えたり、肉を骨に結びつけなくなる時、それまでは脂ぎって滑らかで粘着性の
あるものだったのが、不摂生のために干からびて、ざらざらした塩辛いものになる。この時、
この肉を骨に結びつけるものは、以上のような変化のすべてを受けて、自らは逆方向に、肉
[b] と腱の下へと崩れ、骨から離れていく。肉も、それと一緒に根から離れ落ち、後には腱をむ
き出しのまま、塩水で一杯にして残すことになる。そして、肉そのものも、逆行して、血流

[c] の中へと落ち込み、前にいわれた病気を悪化させる。
ところで、身体に起こるこれらの患いは重いものだが、患いは、次の場合に、これよりも先へ進み、なおもっと重くなる。即ち、肉の組織の目が詰まっているので、骨が十分に呼吸することができなくなり、黴びて、そのために熱くなり、壊疽になって、養分を受けいれなくなるのである。そして、逆行して、自分のほうがかの養分の中へと、反対向きに、摩滅して入っていき、さらに養分は肉の中へ、肉は血の中へと落ち込み、すべての病気を、前にいわれたものよりも重いものにするという場合である。
しかし、すべての中でもっとも重いのは、髄が、何かの不足か、あるいは過剰によって病気になる時に起こるものである。これは、身体の過程全体が、必然的に逆流することになるので、病気の中でもっとも重く、もっとも致命的なものを作り出す。

〈39訳注〉

(1)「草色」(緑がかった黄色)ではなく、「胆汁色」と読む写本もあるが、ここでは、バーネットのテキスト通りに読む。68eでは「火色が黒に混じると「緋色」ができる」といわれている。

40

[d] さらに、病気の第三の種類は、三通りの仕方で起こると考えなければならない。即ち、息

[84] によるもの、粘液によるもの、そして、胆汁によるものである。つまり、まず、身体に息を配分する役の肺が体液によって塞がれ、きれいな通路を提供しない時には、ある場所には、息が入っていかず、他方、別の場所は、適量以上には息が入り込んでいく。こうして息は、換気されない部分を腐敗させ、他の部分では、血管の中を無理に押し進んでいって、これを捻じ曲げ、身体を溶かしながら、身体の中央の横隔膜のあるところへやってきて、その中へ
[e] 閉じ込められることになる。そして、このようなことが、しばしば多量の汗を伴う、無数の苦しい病気を作り出す。

また、身体の内部で肉が分解する時は、体内に息が生じるが、外へ出て行くことができない。そこで、この空気が、ちょうど外部から入り込んできた息が与えるのと同じ苦痛をもたらすこともしばしばある。その苦痛が最大になるのは、息が、腱とそこの小管のまわりを取り巻いて膨張させ、このようにして、腱と小管で背中の腱とそれに接続するいくかの腱を後ろ向きに引っ張る時である。事実、これらの病気はまた、その緊張の状態そのものから、「強直痙攣」[1]や「後弓反張」[2]と呼ばれているのである。これらの病気を治療するのは困難で
[85a] ある。併発する熱が、苦痛を解消するのにもっとも有効だからである。

ところで、白い粘液については、それが〔体内に〕閉じ込められると、泡に含まれている息のために、危険なものになる。しかし、身体の外へと抜ける履け口を持てば、白皮病や白色癩、その他、それと同種の病気を作り出して身体を斑にするけれども、比較的穏やかなも

のになる。そしてまた、この白い粘液が黒胆汁と混じって、もっとも神聖な、かの頭の中の循環運動の上にまき散らされ、これを混乱に陥れる場合は、それが睡眠中に起これば、比較[b]的穏やかだが、覚醒している人を襲うなら、もっと取り除きにくいものになる。この病気は、神聖なものを犯す病気なので、「神聖病(3)」と呼ばれるのがもっとも正しい。

また、酸っぱくて塩辛い粘液は、カタル性のものとして起こるすべての病気の源泉だが、それが流れていく先の場所が多種多様なので、さまざま名前で呼ばれることになった。

ところで、身体の炎症はすべて、焼かれたり、燃やされたりすることから、「炎症を起こしている」といわれるのだが、胆汁によって起こる。そこで、この胆汁が外へのはけ口を見[c]つけると、沸き立って、あらゆる種類の腫瘍を吹き出すが、内部に閉じ込められると、中に炎症性の病気を作り出すのである。とりわけ、胆汁が純粋な血液に混じって、繊維素を、その本来の秩序から外す時に、病気は一番重くなる。繊維素が血液の中へ散布されたのは、血液が、繊細さと粗大さの釣り合いを保つためである。そうすることで、血液が熱のために液[d]化して、身体のまばらな目から流れ出たり、反対に、粗大になって動きにくくなって、血管の中を容易に循環できないことがないようにするのである。実際、繊維素は、その自然の成り立ちによって、これらの状態の間の適切な状態を保つ。そこで、死んだ後であっても、血が冷えていく時に、繊維素だけが取り集められたら、残りの血はすべて液化して流れてしまうが、血液の中にそのまま残しておかれると、周囲を取り巻く冷気と共同して、たちまち

[85] 血を凝固させる。血液の中では、繊維素が以上のような働きをしているので、胆汁——本来、古くなった血液として生じ、肉から再び血液へと溶けてきたのだが——その胆汁の、温
[e] かくて液状をなしているのが、まず、少しずつ血液の中へ入り込んでくると、繊維素の働きによって凝固し、凝固しながら、無理に熱を冷まされると、内部に、寒気と震えをもたらすことになる。しかし、もっと多くの胆汁が流れ込んでくると、自分が発する熱で繊維素を征服し、沸き立って繊維素を激しく揺すぶり、無秩序へと陥れる。そして、胆汁が、終始、優勢を保つことができる時は、髄まで貫いてこれを焼き、そこで魂を繋ぎ止めている、船の艫綱《ともづな》ともいうべきものを解いて、魂を自由に解放する。[4] しかし、入ってくる量がもっと少なく、身体が溶解作用に耐えられる時は、胆汁自身が征服されて、身体全体から追い出されるか、あるいは、血管を通って、体腔の下部か上部に押し込められ、ちょうど内乱のあった国
[86a] 家から追放されるように、身体から追い出され、下痢や赤痢や、それに類したあらゆる病気をもたらすのである。

また、主として火の過剰から病気になる身体は、持続する灼熱あるいは熱を作り出し、空気の過剰によるものは、毎日起こる熱を、水の過剰によるものは、三日ごとの熱を作り出す。水は空気や火よりも緩慢なものだからである。さらに、土が四つの中でもっとも緩慢なので、四倍の時間をかけて浄められ、立ち直るのが困難な四日ごとの熱を作り出す。

〈40訳注〉

（1）強直痙攣は破傷風によって起こり、筋肉が不随意に長く収縮する。口のまわりに起こり、開口障害ともいわれる。

（2）後弓半張は、頭、首、背が不随意に弓なりに曲がるという症状を伴う。

（3）ヒポクラテス全書の中の「神聖病について」の著者は、それが他の病気とは異なっているので「神的」と見る当時の考えに反対し、自然的原因がある、と考える。ティマイオスは、ここで神聖病（癲癇）という名称がつけられたのは正しいと見ているが、神聖な部分である脳を犯すからであると考える。

（4）死ぬということである。

41

[b] 身体の病気は以上のようにして起こるが、身体の状態による魂の病気は次のようにして起こる。まず知性を欠いていること（愚かさ）は魂の病気であり、この愚かさには二つの種類があることを認めなければならない。一つは、狂気であり、もう一つは無知である。そこで、人がそのどちらかを被るような状態があるなら、何であれそのすべてを病気と呼ばなければならない。また、魂にとって最大の病は過度の快と苦であるとしなければならない。なぜな

[86] [c] ら、人間は過度に喜んだり、反対に、苦しみを経験すると、節度を欠いて快を得、苦を避け
ようと努め、そのために、正しいことを何一つ見ることも、聞くこともできなくなり、狂乱
状態に陥り、そのような時には理性的に考えることはまったくできなくなるからである。

　また、ある人の髄の種子が、ちょうど樹木が過度に実をつけるように、多量に流れると、
そのような人は、欲情とそれを満たすこととの中にあって、それぞれの時に、最大の苦しみ
と最大の快楽を得る。こうして、人生の大部分を、強度の快苦のために、狂気じみた状態で
[d] 過ごすことになる。このような人の魂が、病めるもの、思慮なきものとなっているのは身体
のせいであるのに、病んでいるとは見なされず、故意に悪くなっていると見なされるのであ
る。しかし、本当のところは、性的な放埒は、大抵の場合、ある一つの種類のものの特別な
あり方、つまり、骨の組成がまばらなために、それが身体の中に流れ出して、身体を湿らせ
るというあり方に由来する魂の病気に他ならないのである。そしてまた、一般に、快楽を抑
制できないことが、悪しきことが故意になされるかのように非難されるが、このような非難
[e] は不当である。なぜなら、誰も故意に悪いわけではないからであり[1]、悪しき人が悪くなるの
は、身体のあり方がどこか不良であることと無教育な仕方で育てられたことによるからであ
る。これらは誰にとってもいやなものであり、心ならずも向こうからやってくるのである。

　反対に、苦痛に関しても、魂は同じようにして、身体のせいで多くの悪を持つことになる。
即ち、酸っぱい粘液や塩辛い粘液、あるいは、苦くて胆汁質である体液が、外へのはけ口が

[87a] ないままに、身体中を彷徨い、内部に閉じ込められ、自分の出す蒸気を魂の運行に混じらせることによって、自分がこの運行に混じるという場合は、ありとあらゆる種類の魂の病気——重いもの、軽いもの、また、頻繁に起こるもの、あまり起こらないもの——をその中に作り出すのである。そして、それらが魂の三つの場所に到達すると、その各々が攻撃を加える場所に、ありとあらゆる種類の気難しさと絶望、また向こうみずと臆病、さらにまた忘却と物覚えの悪さなど、多種多様なものを生み出す。

[b] これに加えて、人間の出来がこのように悪い時に、国政が悪く、悪しき言論が、国家で公私共に語られ、その上、こうした害悪を癒せる学課が、若い時から少しも学ばれなければ、このような条件にあっては、悪しき人は皆二つのことを通じて非常に心ならずも悪くなるということになる。だから、これらのことについては、常に、生まれる子どもよりも、生む親たちを、また、養育されるものよりも、養育するものたちを責めるべきである。しかしそれでも、可能な限り、養育、日々の営み、学課を通じて、悪を避け、その逆を得ることに努めるべきである。しかし、このようなことについては、別の話[2]で扱われることになる。

〈41訳注〉

（1）「誰も故意に悪いわけではない」はソクラテスのパラドクスとして知られている。プラトンの初期の対話篇において見られるこの考えをプラトンがその後も変わらず維持しているかは多くの研究者によって論じられてきた。

ここでは、行動全般について問題にされているわけではない。

（2）[87] ここでティマイオスが話を急に切り上げたのは、ギリシアにおいてプロトレプティコス・ロゴスと呼ばれる徳を心がけることへと勧める話に逸れそうになっていることに気づいたからである。

42

ここで今度は逆に、今しがたの話の表裏をなすこと、つまり、どのように身体と精神の世話をすれば、身体と精神を救えるかを説明することが当を得て適切である。なぜなら、悪いものよりも、善いものについて語るほうが、より正しいからである。

[c] さて、善いものはすべて美しく、美しいもので釣り合いの取れていないものはない。それゆえ、生きものは、このような〔善、美の〕性質のものであろうとするなら、釣り合いの取れたものであると仮定しなければならない。ところが、われわれは、釣り合いのうち、些細なものは識別して算定するが、もっとも決定的で重要なものについては算定して考えない。[d] 健康と病気、徳と悪について考える時には、魂そのものと身体そのものとの間に成り立つ釣り合いと不釣り合いよりも重大な意味を持つものはまったく存在しないからである。それなのに、われわれはそれらについて何一つ考えていないし、次のようなことに気づきもしない。

即ち、強力で、あらゆる面において偉大な魂をあまりに弱く、小さい体格が担う時や、両者がこれとは反対の関係で結びついている時、全体としての生きものは美しくないということ――なぜなら、もっとも重要な釣り合いにおいて均整が取れていないからである――、しかし、これとは反対の状態にあって釣り合いの取れている生きものは、観察できるものにとって、見られるものすべての中で、もっとも美しく、もっと愛すべきものであるということに
［e］気づいていないのである。そこで、一方の足が長すぎたり、他の部分が大きすぎて、釣り合いが取れていない身体は、単に醜いだけでなく、身体の部分同士が協力して仕事をする時、ひどく疲れたり痙攣したり、また、よろめいて転倒させたりして、自分にとって無数の害悪の原因になる。同じことを、われわれが生きものと呼んでいる身体と魂の合成体について
［88a］も考えなければならない。即ち、その中で生きものの魂が身体より優勢で、この魂が激怒すると、それは身体全体を揺り動かし、これを内側からは病気で満たす。また、何かの学課や探求に集中する時には、魂は疲弊し、さらにまた、公け、あるいは私的に、教えたり論戦する時には、そこに起こる競争や張り合いのために、魂は身体を燃え上がらせ揺すぶる。そして、〔体液の〕流れを引き起こし、医師と呼ばれる人々の大部分を欺き、原因ではないものを原因にする。

　他方、魂にとっては強すぎる大きな身体が、取るに足りない弱い精神と結びつく時には、
［b］人間には本性的に二つの欲求――身体による食物の欲求と、われわれの内にあるものの中で

[88] もっとも神的な部分による知の欲求――があるが、より強いものの動きが優勢となって自分
自身の勢力を増大させる一方で、他方、魂を鈍くて、物覚えの悪い、忘れっぽいものにする
ことになる。こうして、最大の病である無知を内部に作り出すのである。

　さて、この両方の病気から身を守る方法は一つしかない。即ち、身体を伴わないで魂だけ
を動かすことも、魂を伴わないで身体だけを動かすこともしないことである。それは両者
[c] が、身を守って、均衡を保ち、健康なものになるためである。そこで、数学者や、あるいは、
何か他の、知的な訓練に熱心に従事する人は、体育にも親しみ、身体の動きも補って与えな
ければならない。他方、身体作りに気を配っている人は、もしも、真の意味で、美しく、同
時に善い人と呼ばれるに値するものであろうとするなら、音楽や哲学全体に携わることに
よって、魂の動きも補って与えなければならない。そしてまた、〔身体の〕諸部分も、同様
[d] に、万有の姿を模倣することによって、その世話をしなければならない。なぜなら、身体
は、入ってくるものによって、内部で焼かれたり冷やされ、また、外部のものによって、乾
燥させられたり湿らされたり、さらに、それらに付随する作用をこの両方の動きによって受
けるので、人がじっとしたままで、身体をそのような動きに委ねる時には、身体は、征服さ
れ滅ぼされるからである。しかし、人が、かの万有の育ての親や乳母とわれわれが呼んでい
たものを模倣し、身体をできるだけどんな場合にも、じっとさせたままにさせてはおかない
[e] で、これを動かし、その中に絶えず一定の振動を作り出すことによって、自然に適った仕方

で、かの内外の動きから、終始、自分の身を守れば、また、同族関係に従って〈似たものが似たものへと〉彷徨っている身体のいろいろな性質や部分を適度に揺すぶることによって、あの万有についてわれわれが以前語っていた通りに(1)、相互に秩序づけて、一定の配置に置けば、そのような人は、これらの性質や部分が、敵同士が相並んで置かれて、身体の中に戦争と病気を生み出すことを許さないだろう。むしろ、親しい間柄のもの同士で隣り合わせになるように置かれて、健康を作り出すようにするだろう。

[89a] ところでまた、動きの中で、自分自身の中で起こり、自分自身によって動かされるようなものが、もっともすぐれた動きである。それが思考の動きや万有の動きともっとも親近性があるからである。他方、他のものによって動かされる動きは、先の動きよりも劣っている。そしてもっとも劣っているものは、身体が横になってじっとしたまま、他のものによって、部分的に動かされるような動きである。それゆえ、体操による動きが身体を浄め、身体を回復する方法の中でもっとも優れている。二番目に優れているのは、船に乗って行ったり、あるいはどんな仕方であれ、乗り物で行く、疲れない方法を採る場合の、揺れることによって与えられる動きである。第三の種類の動きは、非常に切羽詰まった時には有用だが、そうでもなければ、分別のある人は、決して受けいれてはいけない。これは、薬を用いて浄化する治療のことである。[b] 大きな危険のない病気は、薬を使って刺激するべきではないからである。なぜどんな病気もそれが起こる仕方は、ある意味で、生きものの自然のあり方に似ている。

[89] なら、生きものの構成体は、種族全体に定められている命数を持つが、個々の生きものもそれぞれ、避けられない事故に遭うのでなければ、運命によって割り当てられた生命を持って生まれてくるからである。

[c] というのも、個々の生きものの三角形が、最初から、ある一定の時間までは、十分持ちこたえるだけの能力は持つが、その限度を超えると、もはや決して生きることができないというように構成されているからである。そこで、これと同じことが、病気の形成についてもいえる。即ち、病気に定めとして与えられている期間を無視し、薬を用いてこれを壊滅させると、軽い病気が重くなったり、めったに起こらない病気がよくある病気になるということが起こりがちである。

[d] そういうわけで、すべてこのような病気は、時間に余裕がある限り、養生法によって導かなければならず、投薬によって厄介な災いをかき立ててはならないのである。

〈42訳注〉

（1）生成の乳母（52d）である受容者が動き続け、その中にあるものを揺さぶるといわれたのである。

43

そこで、全体としての生きものと、それの身体の部分については、どのように導き、また、

［e］

自分自身によって導かれたら、もっとも理に適った仕方で生きることができるかという点は、以上語られたことで十分だとしよう。しかし、その導く当のもの自身を、その仕事に対して、できるだけ、もっとも立派で優れたものであるように、おそらくは、もっと、そして、優先して準備しなければならない。これについて正確に詳しく述べることは、それだけでも、かなりの仕事になるだろう。しかし、前に述べたことに従って、これを付随的な問題として扱い、われわれの話を次のように考察して終えても不適切ではないだろう。

われわれの中には三種類の魂が三様に住んでいて、その各々が動きを持っているということをわれわれは何度も話したが、今も同じ方針で、できるだけ短く、次のようにいわなければならない。即ち、それらの種類のうち、無為に過ごし、自分自身の動きを停止しているものは、非常に弱いものになるのは必然だが、鍛錬されるものは非常に強くなるのが必然である。それゆえ、それらのものが互いに釣り合いの取れた動きを持つように、見張っていなければならないのである。

［90a］

さて、われわれの魂の中にあって至上権を握っている種類のものについては、次のように考えなければならない。即ち、神はそれを神霊（ダイモーン）として各人に与えたのであり、これをわれわれは、われわれの身体の天辺に宿っている、と主張するのである。そして、われわれを、地上ではなく、天上の植物であるかのごとく、天にあるわれわれに似ているものに向かって、大地から天に向かって持ち上げているといえば、われわれのこの主張は、大い

[90] [b] に正当なものである。なぜなら、この神的な部分は、魂が最初にそこから生まれてきたところである天に、われわれの頭でもあり根でもあるものを吊して、身体全体を直立させているからである。そこで、欲求や野心の満足にのみ汲々とし、そのようなことのために大いに苦労する人にとって、その思いのすべては、必ず死すべきものになってしまう。そしてまた、その人自身も可能な限り完全に死すべきものになり、その点で少しも欠けることがないことは、彼がそのような性質のものを増大させてきたので、避けることはできない。しかし、他方、学への愛と、真の知に真剣に取り組んできた人、自分のうちのこれらのものをとりわけ
[c] 鍛錬してきた人が、もしも真実に触れるのであれば、不死なるもの、神的なるものを対象として思考することは、おそらくまったくの必然だろう。さらにまた、このような人が、人間の本性が不死性に与ることができる限り、その点で欠けるところはまったくないということ、また、不断に神的なものの世話をして、自分の同居者である神霊（ダイモーン）をよく（エウ）秩序づけられた状態で宿しているのだから、格別に幸福（エウダイモーン）であるということも、おそらく必然だろう[1]。

　ところで、世話は、誰にとっても、どんなものについても、一つの方法しかない。つまり、各々のものに、それに固有な養分と動きを与えることである。ところが、われわれの中にあ
[d] る神的なものと同族関係にある動きは、万有の思考活動とその回転運動である。だから、各人は、これらの運動の跡に従うようにして、生まれた時にすっかり損なわれてしまったわれ

われの頭の中の回転運動を、万有の調和と回転運動に学んで是正し、こうして観察する側のものを、観察される側のものに似せ、前者を、その最初の自然の姿に返し、そして、このように似せることによって、神々から人間に課せられた最善の生を現在に対しても未来に対してもまっとうしなければならないのである。

〈43訳注〉

（1）よき神霊（ダイモーン）に恵まれている状態が幸福なのである。

44

[e] さて今や、最初に命じられた、万有について、人間の誕生まで語るという課題はこれでほぼ終えることができたように思う。というのも、他の生きものがどのように生まれたかということについては短く言及すべきであり、それについて長々と話す必要はないからだ。このようにすれば、このようなことについて話す時、節度があると思えるだろう。そこで、このことについては、次のように話すことにしよう。

[91a] かの真実らしい言論によれば、男として生まれた者のうち、臆病で、不正に生きた者はすべて、第二の生において女に生まれ変わった。神々がこの時、魂を備えた生きものの一つを

[91] われわれの中に、他の一つを女の中に組み立てることによって、性交に対する欲求を考案し
たのは、このようなわけである。この両者を、神々は、次のようにして作った。即ち、飲物
が身体から出ていく通路があるが、その通路にある、飲み物が肺を通って、腎臓の下へと向
かって膀胱の中へ入った時、神々はそれを受け取り、空気で圧縮されて放出する場所に穴
を空け、それを今度は、頭から頸を通って下り、脊椎を貫いて、一続きに繋がっている髄に
[b] 通じるようにした。これは、先の話の中で[1]われわれが「種子」と呼んでいた髄である。とこ
ろが、この髄は魂を備えたもので、今は〔外への〕はけ口を得たので、排気する場所に流れ
出ることを求める生命的な欲望を作り出し、そのはけ口のある当のものを子どもを生もうと
する性愛（エロース）に作り上げた。それゆえ、男の生殖器が不従順でわがままなことは、
ちょうど言葉に従わない動物のようであり、その狂気じみた欲求によって、あらゆるものを
[c] 征服しようと試みるのである。女の場合も、同じ理由で、その中の「母胎」や「子宮」と呼
ばれているもの、即ち、女の中にいる、子どもを作る欲求を持った生きものが、盛りを過ぎ
ても長い間、実を結ばずにいると、手のつけられないほどいらだち、身体中あらゆるところ
を彷徨う。そして、息の通路を塞いで息ができないようにし、極度の困難に陥れたり、他に
[d] も、ありとあらゆる病気をもたらす。しかしついに、女の欲求と男の性愛が両性を結びつけ
ると、ちょうど樹木から果実をもぎ取って、耕地にそうするように、母胎に、小さいので目
に見えず、まだ形をなしていない生きものを蒔く。そして、この蒔かれたものにははっきりと

した諸部分を与え、これを内部で大きく育てる。その後、それらに日の目を見るようにさせて、生きものの誕生を完成するのである。

さて、女や雌一般はこのようにして生まれた。鳥の種族についていえば、今度は、次のような男から、毛髪の代わりに羽を生やし、姿を変えられて作られた。その男たちは、罪はないが軽率で、天空のことには通じているが、それらについてのもっとも確実な証明は、目で
[e]
見ることによって得られると無邪気に信じている。さらにまた、陸上を歩く獣類は、もはや、頭の中の軌道を用いなくなり、胸部にある魂の部分に従っていたので、哲学に親しむこともなければ、天空を注視することもなかった男たちから生まれた。そこで、彼らは日頃このような生き方をしてきたために、その前脚と頭が、類似関係によって大地へと引きつけられ、
[92a]
そこへ寄りかかるようになった。また、頭の天辺は、その各々の回転運動が動かないために圧しひしがれたが、そのひしがれ方に応じて、細長くなったり、ありとあらゆる形になった。そしてまた、これが、彼らの種族が、四つ足や多足として生まれてきたことの理由である。即ち、神が、愚かなものには、その愚かさの程度に応じて、それだけ大地により近く引かれるように、より多くの支えを下に置いたのである。また、これらの動物のうちでも、もっとも愚かで、全身をまったく地面の上に延ばしているものには、もはや足の必要は少しもない
[b]
と考えて、神々は、これを、無足で、地面を這うものとして生んだ。さらに、四番目の水の中に棲む種族は、もっとも愚かで無知な人から生じた。形を作り替える神々は、彼らはもは

[92] や純粋な呼吸には値しないと考えた。彼らの魂は、ありとあらゆる過誤によって、不純な状
態にあるからである。そこで、微細で純粋な空気を呼吸させる代わりに、水の濁った深みへ
と突き落として、それを呼吸するようにさせた。魚類や貝類や、その他すべての水の中に棲
[c] む種族はこのようにして生じた。極度な無知に対する罰として、最果ての住居を割り当てら
れたわけである。

そして、このようにして、すべての生きものが、あの時も、現在も、知性と愚かさを失うか得るかによって、その場所を変え、互いに変化し合っているのである。

さて、万有に関するわれわれの話は今や既に完結したといおう。なぜなら、この宇宙は、死すべき生きものと不死なる生きものを取りいれて、このようにすっかり満たされ、目に見える生きものとして、目に見えるもろもろの生きものを包括し、知性によって知られるものの似像である感覚される神として、最大、最善、もっとも完全な神として生成したからである。これこそが、唯一の、比類なき宇宙である。

〈43訳注〉

（1）73c, 74a.

クリティアス

1

[106a] **ティマイオス**　ソクラテスよ、今や言論の旅路から解放され、なんと嬉しいことか。長い旅を終え、休息を取っている旅人のようです。神にお祈りをすることにしましょう、話の中では今しがた創造されたばかりの、実際には、ずっと前に創造された神に——話の中で適切に語
[b] られたことについては、それが保護され無事であることを、しかし、心ならずも、調子外れのことをわれわれが話しているのなら、ふさわしい罰をお与えください、と。正しい罰とは、調子を外し過ちを犯した者がいれば、調和を取り戻すことです。そこで、これからも神々の誕生についての話を正しく語るために、薬の中で、もっとも完全で最善の薬である知性をわれわれにお与えください、と祈りましょう。そして、祈りを捧げたら、取り決め通り[1]、続く話をクリティアスに委ねることにしましょう。

[c] **クリティアス**　ティマイオスよ、たしかに話を引き受けよう。しかし、あなたが、話の最初に、大きな問題について話すのだから寛大な判断をしてほしいと願ったように、私も同じことを
[107a] 今お願いしよう。いや、これから話されることについては、あなたの時よりも寛大であることをお願いしたい。厚かましく失礼極まることをこれからお願いしようとしていることを私はよく知っている。それでも、話さなければならない。

思慮ある者なら、あなたの話したことが立派なことではないと誰が主張しようとするだろうか。だが、これから私が語ろうとすることは、あなたの話よりも難しいので、より寛大さが必要だ。そのことをなんとかしてわかってもらわなければならない。つまり、ティマイオス、神々について何かを人々に話すことは、死すべきものどもについてわれわれに話すよりも、もっともな話をしていると思われやすいのだ。[b] 聞き手が話されていることについて無経験でまったくの無知であることは、それについて何かを話そうとする者にとって有利であり、それに、神々についてのわれわれの知識がどのようであるかは、よくわかっているのだ。

私がいおうとしていることをはっきりとさせるために、次の点に注意してついてきてくれたまえ。思うに、われわれが話すことは皆、模倣と描写でなければならない。神や人を描いた画家たちの絵が、見る人には、それが十分に模倣されているとすぐにわかるか、すぐにはわからないかを見てみよう。[c] そうすると、まず、大地、山、川、森、それに全天界とそこで巡行している諸天体を誰かがたとえ少しであっても似ているように模倣できていれば、われわれは満足する、さらに、それらについて、正確なことを何一つ知らないので、描かれているものを確かめたり吟味しないで、ただ不正確で人を欺く輪郭を当てはめることで満足していることにも気づくだろう。しかし、誰かが身体を描写することを試みる時は、身近で観察しているので、欠点をめざとく見つけ、細部まで完全に似せて描かない人に対して、われわ[d]れは気難しい批評家になる。

[107] 同じことが物語についても起こると見る必要がある。というのも、宇宙や神々のことについては、少しでもそれに似たことが語られていれば、われわれは満足するだろうが、死すべきものである人間については、厳格に吟味するからである。だから、私は今、手放しで語ることになるが、十分に適切な仕方で話せないとしても、死すべきものを人々の思いを満たすように描写することは容易ではなく、難しいと考えて、お許し願いたい。[e]
私がこのようなことをすべて話したのは、ソクラテスよ、以上のことを思い出し、これから話すことについては、少しではなく、大いに寛大であってほしいからだ。だから、私が正当なお願いをしていると思えるのなら、進んで承知してくれたまえ。[108a]

〈1訳注〉

（1）『ティマイオス』27a-b.

2

ソクラテス　クリティアスよ、どうして承知することをためらうでしょう。それにまた、われわれはあなたの次、三番目に話すヘルモクラテスにも同じようにしなければならない。すぐ後に話さなければならなくなった時に、彼もあなた方と同じことをお願いするのは明らかだ [b]

からね。そこで、別の前口上で話を始め、ティマイオスとクリティアスがいったことを繰り返すことを強いられないよう、彼の順番がきた時には、われわれが彼に寛大であると考えて話せるようにしておこう。しかし、親愛なるクリティアスよ、あなたには聴衆の考えをあらかじめ話しておきましょう。あなたの前の詩人はそこで格別な賞賛を博したので、もしもあなたがそれと同じだけの賞賛を得ようとするなら、大いなる寛容をわれわれに要求することになるだろう、と。

ヘルモクラテス　ソクラテス、あなたはこの人にだけではなく、私にも同じことを忠告してい
[c] るのだね。しかし、クリティアス、実際、勇気をくじかれた男が今までに勝利の記念碑を建てたことなど一度もなかった。だから、勇気をもって話に向かっていかなければなりません。そして、パイオン(1)やムゥサ(2)たちに加護を訴え、昔の〔アテナイの〕市民たちの勇敢な姿を明らかにして、讃えなければなりません。

クリティアス　親愛なるヘルモクラテス、あなたの順番は最後で、前に他の語り手がいるので、まだ自信を持っているのだ。私が置かれている立場がどんなものか、あなたにもすぐにわか
[d] るだろう。だがとにかく、私はあなたの励ましと勇気づけを信じなければなるまい。それに、あなたがあげた神々に加えて、他の神々、とりわけムネモシュネ(3)にもご加護を求めなければならない。われわれの話の一番重要なところは、すべてこの女神の手に委ねられているのだから。なにしろ、その昔、神官たちによって語られ、ソロンによってこの地に伝えられた物

[108] 語を十分に思い出して伝えたら、ここにいる聴衆にわれわれが務めを十分に果たしたと思われるということを大体わかっているのだ。もうこれをするしかない。これ以上、ぐずぐずしていてはいけない。

〈2訳注〉

（1）アポロンのこと。兵士たちはアポロンに賛歌（パイオン）を捧げてから戦場に赴いた。

（2）複数形はムゥサイ。詩歌文芸を司る女神たち。ゼウスとムネモシュネ（次注）の間に生まれた。

（3）記憶を司る女神。

3

[e] それでは、なによりもまず、ヘラクレスの柱[1]のかなたに住む人々と、こちらに住む人々すべてとの間に戦争が起きたと語り伝えられてから、まる九千年の歳月が経っている[2]ということを思い出そう。そのことについてこれから詳しく話さなければならない。

さて、話によると、この国（アテナイ）は一方の側を支配し、戦争を最後まで戦い抜き、アトランティス島の王たちがもう一方の側の支配をしたといわれている。この島は、既に話したように[3]、かつてはリビュア[4]やアシア[5]よりも大きな島だったが、今は地震によって沈み、

[109a] 泥土となって、これがここ（地中海）から外洋へと船出する人々が、それ以上前に進むことの障害になっている。

　多くの異民族や当時存在していたギリシア人の一族については、話の流れが、いわば巻物が広げられるように、一つ一つその都度起こったことを明らかにしていくだろうが、当時のアテナイの人々と彼らに敵対して闘った者たちのこと、つまり、それぞれの兵力や国政については、第一の話題として最初に詳しく必ず話さなければならない。このうちでも、まずアテナイのことを話すことを優先しなければならない。

[b] 　その昔、神々は全大地を地域別に分配していた。ただし、これは争いの結果ではない[6]。神々がそれぞれ自分にふさわしい土地を知らなかったとか、むしろ、他の神々にこそふさわしい土地を、そうと知りながら、自分のために争って手に入れようとしたと考えるのは、理に適っていないからである。こうして、正しく土地が配分されると、神々は、自分の気に入った土地を手に入れ、それぞれの国土を建設した。そして建設を終えると、ちょうど牧童たちが羊の群れを育てるように、われわれ人間を神々自身の所有物、飼育物として育てたが、[c] 牧童たちが羊の群れを鞭打つことで牧草地へ駆り立てるように、力ずくで身体を拘束して育てたのではない。艫から舵を取るように、説得という舵によって、生きもののもっとも御しやすいところである人間の魂を掴み、そのようにして、神々自身がよいと思う方向へと死すべきもののすべてを導いたのである。

[109] さて、神々はそれぞれの土地を自分の配分として受け取ると、そこを飾り付けていった。ヘパイストスとアテナ[7]は、同じ父[8]から生まれた兄と妹であり、また、知と技術を愛するなど、同じ本性を持っていたので、二柱の神は、もともと徳や知を育むにふさわしい場所であるこ[d]の地方を一つの割り当てとして受け取った。それから、大地からよき人々を作り、彼らの心に国政の秩序を植えつけた。

彼らの名前は残されているが、業績のほうは、後継者が絶えたり、長い歳月が経ったので、消し去られてしまった。先にもいわれたように[9]、〔大洪水などがあっても〕その都度残ったのはいつも山岳に住む無学の者たちばかりで、この国で統治していた人たちの名前だけは知っていたが、業績まで知っている人はほとんどいなかったからである。彼らは、先祖の名[e]前を子孫につけることで満足し、彼らの英雄的な行為や法律については、漠然としたことをいくらか聞いていたが、知らなかったのである。その上、彼らもその子どもたちも、何代に[110a]もわたって生活に必要なものを欠いていたので、その話題や関心は生活に必要なものにしか向けられず、昔に起こったことには関心を持たなかった。なぜなら、昔話や昔のことの探求は、生活に必要なものが人々に十分整っているのを見た時に、閑暇と共に町へとやってくるが、その前にはやってこないからである。

昔の人々の業績は知られず、名前だけが残っているのは、このような事情による。そのことの証拠として、ソロンが、あの〔エジプトの〕神官たちは、ケクロプス[10]、エレクテウス[11]、

[b] エリクトニオス[12]、エリュシクトン[13]、また、他にも、テセウス[14]以前の古い英雄として伝えられている者たちの名前を数多くあげ、また同じように、女たちの名前もあげ、その時の戦いについて詳しく述べたといったことを指摘しておこう。さらに、当時は、戦いに関しては、男も女も同じ務めを果たしていたので、当時のアテナイ人たちは、慣習に従って、武具をつけた女神の像を奉納したが、この絵画や彫刻の女神像も、群れをなして生きるものは、雌も雄も、すべて集団として、それぞれの種族にふさわしい卓越性を実践する徳を生まれながらに[c]備えていることの証拠としてあげておこう。

〈3訳注〉

(1) ジブラルタル海峡。

(2) 『ティマイオス』23eでは、古アテナイ市が建国されたのは遡ること九千年前とされているのに対して、ここではアトランティスとの戦争があった年代になっている。『クリティアス』は未完であったことを念頭に置くべきである。もしもプラトンが後に書き継いでいればこのような箇所は訂正されただろう。

(3) 『ティマイオス』25d-e

(4) 今日のエジプト以西のアフリカ。

(5) 今日の小アジアに相当。

(6) 神々について不道徳な言葉で叙述するべきではないと考えるプラトンは、アッティカの所有をめぐってポセイドンとアテナが争ったというような伝統的な物語を否定する。

[110]

（7）プロメテウスは、アテナ（知恵と技術の神）とヘパイストス（火と鍛冶の神）の仕事場から火を盗み出し人類に火を贈った。

（8）ゼウス。

（9）『ティマイオス』22d以下を参照。

（10）伝説上のアテナイの王。大地から生まれたことを示すため、腰から下が蛇の形をしていたといわれる。

（11）伝説上のアテナイの王。大地から生まれ、アテナに育てられたとされる。

（12）『ティマイオス』3の注8参照。

（13）テッサリアの王。デメテルの社で、人間の姿をしたデメテル自身から禁じられたにもかかわらず、森の木を切り、飽くことを知らない飢餓の刑に処せられ、最後は自分自身をも食べたといわれる。

（14）アテナイの王、アイゲウスの子ども。冒険譚は多いが、クレテのミノタウロスを倒した話は知られている。テセウス以前の古い英雄の名前がここであげられたのは、大地から生まれるということに関心があるからである。先に見たように、エレクテウスとエリクトニオスは大地から生まれたといわれ、エリクトニオスとエリュシクトンという名前には「クトン」（大地）という文字が含まれている。

4

さて、当時、この国には手仕事に従事したり、大地から食物を育てることに従事する市民

[d]
階層の他に、軍人階層があった。この階層は、最初から神々に縁がある人たちによって分け離され、彼らだけで生活していた。栄養を取ったり、教育のために必要なもののすべてを手に入れており、誰一人何ものも私有せず、すべてを全員の共有物と見なしていた。しかし、必要とされる以上の食物を他の市民から受け取ることを要求するようなことはしなかった。このようにして、彼らは昨日話された仕事、つまり、われわれが提案した守護者について語られたことのすべてを実践していたのである。

[e]
さらに、われわれの国土について〔エジプトの神官たちによって〕語られたことは、信頼できる真実である。つまり、まず、当時、国の境界線は、イストモス(1)で区切られ、内陸では、キタイロンやパルネスの山頂(2)に及んでいた。そして、そこから境界線は〔海の方へと〕下って、右手にオロピア(3)を含み、左手に海に面してアソポス(4)で境を接していた。また、この国土はどの地域よりも肥沃さの点で優っていたので、だからこそ、あの時代、農耕作業を免除された大軍勢を養うことができたというのである。肥沃であったことの有力な証拠はこうだ。

[111a]
即ち、今日われわれに残されている国土も、あらゆる作物を豊かに実らせ、どんな家畜の放牧にも適した牧草地を持っている点で、他のどの国土にもひけをとらないのである。しかし、当時は、この国土が美しかったことに加え、作物を非常に豊富に産出したのである。

それでは、このように語られたことは、何を根拠に信じられるのか。そして、この国はどの部分が当時の国土から残されているといえば、正しいのか。われわれの国土の全体は、他

[111] の大陸から長く突き出て、岬のように海へと横たわり、これをまわりから取り囲む海は、沿
岸部が非常に深い。そこで、九千年の間に――あの時から今までにそれだけの歳月が経った
[b] のである――何度も大洪水に襲われたのだが、この度重なる災害時に、高地から流れ出た土
砂は、他の地域でのように、語るにたる泥の層とはならず、絶え間なく渦を巻いて流れてい
き、深い海底へと消え去った。そこで、今を昔と比べると、小さな島々でよく起こることだ
が、肥沃で柔らかな土壌は、病人の骨のように、流出し、やせ衰えた土地だけが残されたの
である。
[c] 　しかし、当時は災害にあっていなかった国土には山はなく高い丘だけがあり、今日、「石
の荒野」と呼ばれているところには肥沃な土壌に満ちた平野があり、山々には深い森があっ
た。このことには今も明らかな証拠がある。つまり、アッティカの山々の中には、今では蜂
に蜜を提供するだけのものもあるが、つい先頃までは、そこから大きな建物の屋根を葺くた
めに樹木が数多く切り出された。その屋根は今も痛まずに残っている。また、多くの高い栽
[d] 培果樹があり、家畜の飼料を無尽蔵に実らせていた。その上、国土は一年を通じてゼウスか
ら雨を享受し、今のように、地肌むき出しの大地から海へ流れて消えてしまうことはなかっ
た。土は多く、そこへ雨水を受け入れ、水持ちのよい粘土質の地層に貯えてから、高地で吸
収された雨水を窪地へと流し、いたるところに泉や川の豊かな流れを提供した。昔あった
数々の泉のほとりには、今でもそれらの流れに捧げられた社が残っているが、これがこの国

土に関する今の話が正しいことを証明する印である。

〈4訳注〉

（1）アッティカとペロポネスを結ぶ細長い陸地帯。

（2）どちらの山もボイオティアとアッティカの国境近くにあった。

（3）アッティカとボイオティアの国境にある町、オロボスと、その周辺地域。

（4）ボイオティアを流れる川。

［e］ とにかく、この国の自然はこのようなものであり、それは畑仕事にだけ専念し、美を愛する素質の優れた、もっとも肥沃な土と豊かな水を持ち、地上でもっとも適度に調和した気候に恵まれていた真の農夫たちの手によって、しかるべく立派に耕されていたのである。その ［112a］ 頃、町（アテナイ）は、次のようになっていた。まず第一に、アクロポリス[1]は、当時と今とでは様子が違っていた。というのは、ある夜、大雨が土砂を洗い流し、地震とデウカリオン[2]の時の大洪水の前に起こった三つ目の大洪水が同時に起こり、一夜にして今のような荒涼たるありさまにしてしまったからである。しかし、それ以前は、アクロポリスは、エリダノス

[112]

[b]

川やイリソス川(3)にまで及び、内側にはプニュクスの丘を含み、それに対峙してリュカベトスの丘(4)を境として持っていた。そして、全体に土地は肥沃で、わずかな場所を除いては、高いところは平らになっていた。

[c]

アクロポリスの外側にある斜面の下には、職人や、近くで畑を耕す農夫が住んでいた。頂の方には、軍人階層が、アテナやヘパイストスの社のまわりに、ちょうど一戸建の住居の庭を囲むように、周壁で囲んで自分たちだけで住んでいた。つまり、アクロポリスの北側に住んでいたのだが、そこに共同住宅、冬のための会食堂、自分たちや神官たちが屋内での公共活動を営むのに必要な諸施設を建てたが、その際、金も銀も使わなかった。彼らは金や銀をまったくどこにも使わず、豪奢と貧相の中間を求めながら、ほどほどの住まいを建て、その中で、彼らも彼らの孫たちも齢を重ねていき、そしてそれらの建物を、ずっと同じ状態で、同じような考えを持った子孫に譲っていったのである。しかし、夏になって、中庭や体育館、会食堂を使わなくなると、アクロポリスの南側の地域をこれらのことに利用した。また、今のアクロポリスの近くに泉が一つあったが、度重なる地震のために枯れてしまい、今ではそのあたりに小さな流れが残されているだけである。しかし、当時は、冬は温かく夏は冷たい豊かな流れをすべての人に提供していた。

[d]

彼らは、このような形で、自国アテナイ市民の守護者として、また、他のギリシア人の、彼ら自身の自由意志によって権限を委ねられた指導者として居住していた。その際、既に闘うことができるか、まだ闘うことができる男女から成る自分たち軍人階層の数が、常にできるだけ同数、つまり、およそ二万を保てるように気を配って生活していた。［e］

〈5訳注〉

（1）古代ギリシアのポリスの象徴として小高い丘に神殿や堅固な砦城が築かれた。ここで言及されるアクロポリスは、二万人の守護者を収容するためにアテナイの広汎な場所を占めた。
（2）『ティマイオス』3注4を参照。22b。「一夜にして」起こった地震と大洪水は、おそらく、『ティマイオス』25dで言及されたのと同じものだろう。
（3）エリダノス川はアクロポリスの北側、イリソス川は南側を流れる。
（4）プニュクスはアクロポリスの西に、リュカベトスは北東に位置した。

6

さて、彼ら自身はこのような人であり、常にこのような仕方で、自分自身の国とギリシアを正しく統治していた。彼らは、肉体の美しさと精神のあらゆる面での徳の故に、エウロペ(1)やアシア中で知れわたり、その当時のすべての人の中でもっとも有名だった。

次に、まだ子どもの頃に聞いた(2)ことの記憶をなくしていなければ、われわれアテナイ人と敵対して闘った人たちの状況について、それがどのようであったか、最初からどのように

[113a]

なっていったかを、包み隠さず、友人諸君と共有できるように話すことにしよう。しかし、話の前に、少し説明しておかなければならないことがある。異邦の人たちにギリシア名が与えられているのをしばしば聞いても驚かないためにである。そのことの理由を聞いてくれたまえ。

[b]

ソロンはこの物語を自分の詩に利用しようと思って、名前の意味を調べている時に、これらの名前を最初に文字に書き留めたあのエジプト人たちが、それらを一度自分の国の言葉に直していることに気づいたのだ。そこで、ソロン自身は、もう一度〔エジプトの言葉で書かれた〕名前の一つ一つの意味に注目しながら、わが国の言葉に直して書き留めた。まさにこの記録が私の祖父の手元にあった。それはまだ今も私の手元にあるが、子どもの頃、私はこれをすっかり暗記したのだ[3]。

だから、この国の人々と同じような名前を耳にしても、そのことの理由を聞いたのだから、どうか驚かないでくれ。その時話された物語は長いが、その初めはこんなふうだった。

〈6訳注〉

（1）ヨーロッパのこと。

（2）『ティマイオス』21a 以下参照。十歳くらいだったといわれている。

（3）『ティマイオス』25e 以下参照。

7

[c] 先に神々の分配について、神々は全大地をあるところには大きく、別のところには小さく分配し、自分自身には社と犠牲を準備したと話したが、(1) ポセイドン(2)も、そのようにしてアトランティス島を受け取り、死すべき女に生ませた自分の子どもたちを、この島の次のようなところに住まわせた。即ち、海岸から島の中央部へと広がる平野があったのだが、それはあらゆる平野の中でもっとも美しく、非常に肥沃だったといわれている。さらに、〔海岸から〕島の中央部の方へおよそ五十スタディオン(3)離れた平野に、どの面もあまり高くない山があった。この山には、もともと大地から生まれた原住民の一人、エウエノルという名前の男が、

[d] 妻のレウキッペと一緒に住んでいた。二人には、クレイトオという一人娘がいた。この娘が婿を取る年頃になった時、母親も父親も亡くなった。そこで、ポセイドンは彼女への欲望に心奪われ、彼女を娶った。そして、彼女が住んでいた丘を難攻不落にするために、まわりを砕き取り、海水と陸地から成る大小の環状帯を交互にめぐらして丘のまわりを囲んだ。つまり、二つの陸地環状帯と三つの海水環状帯を、いわば轆轤《ろくろ》作りの輪のように、ぐるりとめ

[e] ぐらしたのだが、これらの環状帯をどこも島の中央から等しい距離となるように作ったので、人間たちは島へは渡って行けなかったからである。当時は、船も航海術も存在していなかったからであ

[113] る[4]。
ポセイドン自身は、二つの泉――一方は、源から温水が、他方は、冷水が湧き出るのだが
――を地下から地上へと湧き出てくるようにし、大地からありとあらゆる作物を豊富に実ら
せるなどして、神であれば当然だが、中央の島を易々と飾った。またポセイドンは、五組の
双子の男の子を生んで育てた。そして、アトランティス島全体を十の地域に分割すると、最
[114a] 年長の双子のうち、先に生まれた子どもに、母の住まいと、そのまわりのもっとも大きくて
よい地域を分け前として与え、他の子どもたちの王にした。他の子どもたちは領主にして、
それぞれに多くの人間たちを支配する権限と広い地域からなる領土を与えた。
ポセイドンは子どもたち全員に名前をつけたが、王である最年長の子どもには、その名に
ちなんで島全体も海も「アトランティスコス[5]」と呼ばれることになった名前をつけた。初代
[b] の王の名前はアトラスだったからである。これに対して、アトラスのすぐ後に生まれた双子
の弟のほうは、ヘラクレスの柱寄りの島端で、今日ガデイラ[6]と呼ばれている地方に面した地
域を分け前として手に入れたのだが、ポセイドンは、この子どもには、ギリシア語でエウメ
ロス、その国の言葉ではガデイロスという名前をつけた。これがまさにガデイラという地
名の起源に違いない。それからポセイドンは、二番目に生まれた双子のうち、一人をアンペ
レス、もう一人をエウアイモンと呼び、三番目に生まれた双子には、先に生まれた子どもを
[c] ムネセウス、後に生まれた子どもをアウトクトンと名づけた。そして、四番目の双子のうち

先の子どもをエラシッポス、後の子どもをメストルと名づけた。さらに、五番目の双子には、先に生まれた子どもにアザエス、後に生まれた子どもにはディアプレペスという名前をつけた。こうして、彼らは皆、兄弟自身もその子孫たちも、何世代もこの島に住みついて、海に浮かぶ他の多くの島を支配し、さらに、先にもいったように(7)、エジプトやテュレニアに及ぶヘラクレスの柱のこちら側の人々をも支配したのである。

[d] さて、アトラスの一族は、数の点でも名声の点でも繁栄したが、常に最年長の者が王となり、いつの場合も、最年長の子どもに王位を譲りながら、何代にも渡って王権を維持していた。彼らが所有していた富はいまだかつていかなる王権においても獲得されたことがなく、今後も容易に獲得されそうもないほど莫大なものであり、およそ都市その他の地域で必要とされるものはすべて調達していた。多くのものが、彼らの支配権の故に、海外から入ってきたからだが、島自体も生活に必要なものの大部分を産出したからでもある。まず第一に、硬質や可融性のものが採掘された。今はただ名前でしか知られてないが、当時は名前だけではなく、実際に採掘されていたオレイカルコス(8)の類は、その頃、金は例外として、もっとも貴重な金属で、島内のいたるところに分布していた。大工が使う材料となる樹木も、あらゆる種類のものが豊富にあったし、家畜や野生生物も数多く養った。さらに、この島には象(9)もたくさんいた。他の動物、例えば、沼や湖や川のほとりや、また山地や平地に住む他のすべての動物にとって豊富な餌があったばかりか、生まれながらにして大きく大食のこの動物に

[e]

[115a]

[115] とっても、同様に豊富な餌があったからである。

その上、この島にはまた今日大地が産する香料なら何でも、つまり、根、草、木から採取されるものであれ、花や果実から蒸留される樹液から採取されものであれ、これらを産出し、見事に実らせた。さらに、栽培された農作物、主食のための穀物、他にもわれわれが食事のためにに使うすべての種類のもの――われわれは、その類のものを豆果と呼んでいるのだが――

[b] さらに、食物や飲み物となったり、搾油される木の実や、[10]遊びや快楽のための貯蔵のきかない果実の類、[11]食べ過ぎの人に苦しみを和らげるために出すおいしい食後の果物など、[12]これらすべてを、当時、太陽のもとにあった聖なる島が限りなく豊かに実らせたのである。そこで、

[c] 彼らはこれらすべての作物を大地から受け取って、神社、宮殿、港、造船所など領土全体を次のように秩序正しく配置して建設していった。

〈7訳注〉

（1）109bを参照。

（2）クロノスとレアとの子。ゼウスの兄弟神で、海、泉、地震の神。

（3）一スタディオンは、約一七七・六メートル。一プースは二九・六センチメートル、一プレトロンは、二九・六メートルである。

（4）ポセイドンは、「妬みとはまったく無縁」（『ティマイオス』29e）というティマイオスが語った神とは対照的に、愛人を誰にも近づけないところへ閉じ込めなければならなかった。

(5)「アトラスの」という意味。
(6)現代のカディス(スペイン南西部、アンダルシア自治州の県)。
(7)『ティマイオス』25a-b
(8)「オリハルコン」ともいう。文字通りには「山の銅」という意味で、銅と鉛の自然合金である真鍮だと考えられるが、「今はただ名前でしか知られていない」といわれていることから、もっと貴重な金属を指しているのかもしれない。
(9)すぐ後にいわれるように、大食の動物である象を養うに足る豊富な餌があったということだが、人が生きるために象を食するのではなく、遊びや快楽のために飼っていたのであり、象の飼育は贅沢を旨とする生活の象徴である。
(10)オリーブや椰子の実。これも、また次の二つも、ここでプラトンが何を指しているかは定かではない。
(11)林檎や柘榴。
(12)レモンのことだろう。

8

彼らはまず、宮殿に出入りする道を作るために、最初に昔の中央都市を囲んでいた海水環状帯に橋を架けた。それから、最初すぐに、ポセイドンと彼らの先祖の住居となるところに王宮を建てたのだが、代々の王が前の王からこれを受け継ぐたびに、既に飾られていたもの

[115] [d] をさらに飾り、常に力の限り前の王を凌ごうとした。そしてついに、彼らの住居を、見たところ、大きさでも美しさの点でも、驚くほどのものにした。

即ち、外海を起点として幅三プレトロン、深さ一〇〇プース、長さ五〇スタディオンの水路を掘り、これを一番外側の〔海水〕環状帯に連結させた。このようにして、どんなに大きな船でも入れるのに十分な広さの水路口を切り開いて、外海から一番外側の環状帯への遡航を、港へ入っていくようなものにしたのである。さらにまた、海水環状帯の間を走る〔二[e] 本の〕陸地環状帯に、橋のところで、三段橈船《かいせん》が一つの海水環状帯から隣の海水環状帯へと通って一隻航行できるほどの水路を切り開いた。そして、トンネルの下を船が通れるように、上から覆いをつけた。陸地環状帯のふちが、海面よりも十分高かったからである。

水路によって外海へ連絡している最大の環状帯は幅三スタディオン、すぐ次の陸地環状帯もこれと同じ幅だったが、〔その内側の〕二番目の環状帯のうち海水のほうは、幅が二スタ[116a] ディオン、陸地のほうも、その前にある海水帯の幅と同じ二スタディオンで、中央の島自体を囲んでいる環状帯は幅一スタディオンだった。そして、この中央の島に宮殿があったが、その直径は五スタディオンだった。

以上の工事を終えると、彼らはこの中央の島と〔陸地〕環状帯と幅一プレトロンの橋を両側から石の壁で取り囲み、各連絡橋の外海へ向かう通路の両側には櫓《やぐら》を建て、門を作った。[b] これらの〔壁や建物に使った〕白、黒、赤の石材は、中央の島の周辺や内外の環状帯から切り出したが、石材を切り出すと同時に、そこにできた洞穴の中に、岩石をじかに天井とする二つの船渠《せんきょ》（ドック）を作った。

なお、それらの建築物には一色の石材だけで建てたものや、楽しみのために各種の石材を混ぜて彩りを工夫し、建物に内在的な魅力が備わるように配慮したものもあった。それにまた、［c］彼らは一番外側の陸地環状帯を囲む壁のまわりを塗料を使ったかのように銅板で覆い、内側の陸地環状帯の壁のまわりは錫板で、アクロポリスをじかに囲む壁は炎のように輝くオレイカルコスで覆った。

9

次に、アクロポリスの中にある宮殿は、次のような仕方で配置されていた。アクロポリスの真ん中には、黄金の柵がめぐらされて人が近づけないクレイトオとポセイドンに捧げられた聖なる社があった。そこはまさに、最初に、クレイトオとポセイドンが十人の王たちを産み、ポセイドンが父となった場所である。そこはまた、〔子孫の〕王たちが、毎年十の領地のすべてから、十人の王のそれぞれに季節の初物を供物として捧げたところでもあった。これ［d］に対して、ポセイドン自身を祀る神殿は、縦一スタディオン、横三プレトロン、高さはこれらと見たところ釣り合いが取れていて、神殿の外観には異国風のところがあった。王たちは

[116] この神殿の外側を、彫像台以外はすっかり銀で覆い、彫像台は金で覆った。そして、内側は、天井全面を金や銀やオレイカルコスの飾り付けられた象牙にし、その他、壁や柱や床はオレイカルコスで覆った。

[e] 神殿内には黄金の像が置かれたが、その一つに、戦車の上に立ち翼のある六頭の馬を御している、頭が天井に届くほどの大きな神像があった。そのまわりには、海豚にまたがった一〇〇体のネレイデス[1]像があったが、これは、当時の人は、ネレイデスの数は一〇〇と考えていたからである。そこには、他に、一般の人々の奉納した多くの聖像もあった。

神殿の外のまわりには、十人の王から生まれたすべての王とその妻たちのすべての黄金の像があった。他にも、この国の王や市民のみならず、彼らが支配していた外国の王や市民か
[117a] ら献納された数多くの巨大な神像が立ち並んでいた。祭壇は、大きさもその出来映えも、このようなまわりの状況と実によく釣り合いが取れており、宮殿も同様に、この国の偉大な権力にふさわしく、神殿の飾りにもふさわしいものだった。

彼らは冷たい水と温かい水の泉を利用していたが、湧き出る水の量は多く、味わいと水質の点で、どちらもその用途に大いに適していた。つまり、泉を建物で囲み、水に合った木を
[b] 植えたり、また、泉のまわりに屋外プールや冬に温水浴場として使うための屋内プールも設けたのだが、これらには王室用、一般市民用の他、女性用、馬その他の役畜用に区別されていた。

流れた水は、ポセイドンの聖林へと導かれた。そこは、土地が肥沃なので、多種多様の樹
木が驚くほど美しく、空高く茂っていた。その水は橋沿いの水路を通して外側にある環状帯
[c] へも送られていたが、そこには、多くの神々を祀る社や庭や修練場がたくさん作られていた。
環状帯によって作られる二つの島のそれぞれにある修練場は、人々の体育に用いるものと乗
馬に用いるものが区別されていたが、特に、大きいほうの島の真ん中に、戦車競技場があっ
た。これは幅一スタディオンで、環状帯をぐるりと一回りする長さで、騎馬競技のために確
保されていた。

そして、この戦車競技場のまわりには、両側に大部分の親衛隊員のための宿舎があった。
[d] より信頼できる隊員にはアクロポリスの近くにある小さい方の陸地環状帯に宿舎が与えられ、
すべての者の中でもっとも信頼の篤い隊員には、アクロポリスの中で、王たち自身の近くで
住むことを許されていた。船渠《せんきょ》（ドック）には三段橈船が溢れ、それに要する船具も、すべ
て準備万端ととのっていた。

[e] 王宮の周辺は以上のように配置されていた。三つの港を超えて外へ向かっていくと、外海
を起点として環状になっている壁があり、これはどこも一番大きな環状帯と港から五〇スタ
ディオンの間隔を保って町を囲み、その両端は、水路の外海に開くところで一つになってい
た。そして、この場所の全体には、多くの家が密に建っていて、外海へ向かう水路やもっと
も大きな港は、世界中いたるところからやってきた船や商人で溢れ、昼も夜も、彼らの話し

[117] 声やさまざまの騒音や雑音が鳴り響いていた。

〈9訳注〉

（1）ポントス（海）とゲー（大地）との間に生まれた海神ネーレウスの五十人の娘たち。

10

さて、以上で、町や昔の住まいについては、あの時、〔ソロンに〕話されたように話したので、次に、他の地域について、それがどんな自然条件の中にあったか、制度はどんなものだったかを、記憶から呼び覚まして話さなければならない。

[118a] まず第一に、アトランティス島の海岸線は崖になっていて、全体が高く聳えていたが、町の周辺には一面、平野が広がっていたといわれた。その平野が町を囲み、平野自体は麓が海面にまで及ぶ山々に囲まれていた。この平野は一様に平坦で、全体として長方形で、一辺は三〇〇〇スタディオン、中央を通って海から内陸へ上に向かう一辺は二〇〇〇スタディオンだった。島全体のこの場所は、南に面し、北風から守られていた。そして、この平野を囲む

[b] 山々は、当時、その数、大きさ、美しさの点で、褒め称えられ、現在のいずれの山々をも凌駕していた。そこには、その周辺地域の人たちが住む多くの豊かな村、また川や湖や、どん

な家畜や野生動物にも豊富な餌を提供する草原、さらには、どんな種類の仕事にも個々の必
要のためにも十分な多くのいろいろな種類の木材もあったからである。
　ところで、この平野は、自然の地勢と多くの王たちの長年にわたる努力によって、次のよ
[c] うな状態になっていた。もともとこの平野は、大体のところは、四方を直線で囲まれた長方
形になっていたが、完全な長方形ではなかったので、そうはなっていない場所は、まわりに
壕をめぐらして真っ直ぐにした。この壕の深さ、幅、長さについて、人間の手になる業とし
て、他の仕事に加えて、壕がこれほどの大きさのものが作られたと語られたとは信じがたい
が、しかしとにかく、私が聞いたことを話さなければならない。
[d] 　この壕は一プレトロンの深さで、一様に一スタディオンの幅で掘られ、平野の全体に掘り
めぐらされたので、その長さは一万スタディオンにもなった。そして、山間から落ちる谷川
の流れは壕に達し、平野をめぐって流れて両側から町に達した後、海へと注いだ。また、平
野の北側には、およそ一〇〇ブースの幅を持つ真っ直ぐな運河が平野を横切って掘られてお
り、海側の壕へと流れ出た。それぞれの運河は、隣の運河から一〇〇スタディオン離れてい
[e] た。彼らはさらに、運河と運河の間に、また町へも横断水路を掘り、これらの運河を利用し
て木材を山から町へ下ろしたり、季節の産物を船で運んだ。冬はゼウスからもたらされた雨
水を使い、夏は大地のもたらす湧き水の流れを運河から引き、年に二度も大地から収穫して
いた。

［119a］戦闘に招集をかけられる平野に住む男子の数に関しては、それぞれの地区が一名を指導者として立てることが定められていた。一地区の面積は一〇スタディオン平方で、総数は六万だった。山やその他の地域の住民数は数え切れないほどだったといわれていたが、彼らは皆、居住地域や村落を単位として、これらの地区とその地区の指導者のもとに割り当てられた。そこで、それぞれの指導者は、戦時に一万台の戦車ができるように、一台の戦車の六分の一、馬二頭、騎手二名、さらに、戦車はないが、小さな盾を持って馬を降りて闘う兵士が乗った［b］二頭連馬を一組、二頭の馬の手綱を取る戦車御者、さらに、重甲兵二名、弓兵と投石兵をそれぞれ二名、軽装投石兵と投槍兵をそれぞれ三名、一二〇〇隻の船に乗る水夫四名を差し出すように定められていた。とにかく、この王国の軍備は以上のように整えられていたのであり、他の九つの国も、それぞれにまた別の仕方で整えられていたが、それについても話すと長い時間がかかるだろう。

11

［c］国家統治の名誉ある職に関する事柄は、建国の最初から、次のように定められていた。十人の王は、それぞれ自分の領内や町では、住民を支配し、ほとんどの法律に超越し、自分が欲する人は誰でも罰し処刑していた。とはいえ、彼ら相互の支配関係については、ポセイド

ンの戒めに従っていたのであり、これは掟として、初代の王たちの手でオレイカルコスの
[d] 柱に刻まれて、彼らに伝えられた。その柱は、島の中央のポセイドンの社に安置されていた。
ここで彼らは、交互に、五年目、あるいは六年目に会って、偶数年も奇数年もともに重視し
た。そして、会った時には、公事について相談するだけでなく、誰かが何か罪を犯したかど
うかを調べて、裁きを下していた。
　そして、裁きを下そうとする時には、その前に互いに次のような誓約をした。即ち、ポセ
[e] イドンの社には牡牛が放されていたが、十人の王は自分たちだけになると、神の思し召しに
適う生け贄を捕らえることができるようにと神に祈り、鉄の道具は使わず、棒と輪縄だけで
牡牛を追いかけた。そして、その中の一頭を捕らえると、柱に連れて行き、流れる血が掟の
文字を染めるように、柱の先端で喉を切った。この柱には、掟の他に、それに従わない者に
怖ろしい呪いがかかるように祈る誓いの言葉が刻まれていた。
[120a] 　さて、王たちが、自分たちの掟に従って、牛を犠牲に捧げ、その四肢を火に投じると、混
酒器に酒を満たし、各自の無事を祈って、その中に血の塊を注いだ。そして、柱のまわりを
浄め、残りの血を火に投じた。次に、混酒器から黄金の杯に酒を汲み、火に注ぎながら、柱
に刻まれた掟に従って裁き、もしも誰かが以前に何かの罪を犯したのであれば罰し、さらに、
[b] これからはいかなる掟も決して故意に破らず、父なるポセイドンの掟に反して統治すること
も、そのような統治者に従うことも決してしないと誓った。

[120] それぞれの王は自分と子孫のために誓いをした後、酒を飲み、杯をポセイドンの社に献じた。そして、食事やその他必要なことをして時を過ごした後、暗くなり犠牲の火が燃え尽きると、皆できるだけ美しい瑠璃色の礼服を着て、社周辺の燈火をすべて消して、灰となった
[c] 誓いの証しに捧げた犠牲のそばの大地にすわって夜を過ごした。そして、彼らの中のあるものが他の誰かが何かの掟に違反したことを責めるようなことがあれば、裁きを行ない、その人は裁かれた。そして、裁きを終え、夜が明けると、採決事項を黄金の板に刻み、礼服と共に記念として奉納した。

それぞれの王の権限に関しては、他にも多くの特別な法律があったが、中でも特に重要なものは、決してどんな時にも、互いに対して武器を取ってはならない、もしも誰かがどこか
[d] の都市で王家の転覆を企てたら、先王たちのように、戦争や他のことについて共に協議し、アトラス一門に指揮を委ねて、皆で助けなければならない、王は、十人の王の過半数の同意がなければ、兄弟王の誰も処刑する権限を持ってはならないという法律だった。

12

さて、当時アトランティスの国々にあった力は、このような、そしてこれだけの規模のものだったのだが、神はその力を一つにまとめ、今度は、話によれば、次のような理由から、

それをわれわれの土地へと送った。
[e] ポセイドンの本性が、何代もの長い歳月にわたって、彼らにとって十分力のあるもので
あった間は、彼らはもろもろの掟に従い、神に縁のあるものに対して好意的な態度を取って
きた。というのは、彼らは真実であらゆる点で高邁な精神を持ち、偶然降りかかる運命に対
しても、互いの交わりに対しても、思慮深く穏やかだったからである。それゆえ、徳以外の
[121a] あらゆるものを軽視し、自分たちが目下所有する物を取るに足らぬものと見なして、莫大な
黄金やその他の財産をいわば重荷であるかのように容易に耐え、富ゆえの贅沢によって酔っ
て自制心を失い、躓《つまず》くというようなことはなかった。むしろ、しらふなので、これらすべて
の財産ですら、徳を持ち友愛を共有することによって増えるということ、これらをあまりに
熱心に追求し大切にすると、かえって財そのものを減らすばかりか、それと共に、徳までも
滅ぼしてしまうことを鋭く見抜いていたのである。
彼らはこのように考え、神の性をとどめていたので、彼らの富はすべて、先に述べたよう
に、莫大なものになっていった。しかし、彼らに宿る神の性の割合が、死すべきものとの多
[b] くの度重なる混交によって減り始め、人間の性が優位を占めてくると、ついに財産を担えな
くなり、ふるまいは見苦しいものになり、貴重なものの中からもっとも大切なもの(1)を失って
しまったので、見る目がある人には、彼らは恥ずべきものに映るようになってしまった。し
かし、真実の幸福な生を見ることができない人にとっては、この時代こそ、王たちが、こと

[121] のほか美しく祝福に満ちた生を送っているように思われたのだった。それは、彼らが不正な貪欲を持ち、向かうところ敵なしと感じていたからである。

神々の神、法によって治める神ゼウスは、このようなことを定かに見て取ることができるので、この公正な種族が哀れな有様であることに心を留め、懲らしめを受けて調和を取り戻すように、彼らに罰を与えることを欲した。そこで、ゼウスは、全宇宙の中心に位置し、世[c]に生起するすべてのことを眺める、神々のもっとも尊重する住まいへとすべての神々を集めた。そして、神々が集まると、こういった……。

〈12訳注〉

(1) すぐ前で言及された徳を指す。

〈訳者解説〉『ティマイオス』の宇宙論

『ティマイオス』は、プラトンの代表作として古代から中世、近代までもっともよく知られ、大きな影響を与えた対話篇である。アリストテレスは『ティマイオス』にもっとも多く言及し、中世の西欧においては、ラテン語訳によって知られたほとんど唯一のプラトンの作品だった。

しかし、現代科学の知見からすれば、神の創造が語られ、自然について目的論的な説明がされているので、読者は一見荒唐無稽な話が展開されることに戸惑いを覚えるかもしれない。『ティマイオス』はそこでもっぱら語られる宇宙論に注目されて論じられることが多いが、宇宙論だけの書ではない。それに先立つ導入部を読めば、ソクラテスが前日語った国家論を受けて、今日は、理想国家が実際に機能しているところを見たいと、ティマイオス、クリティアス、ヘルモクラテスがいわばお返しとして「話のご馳走」[20c] をすることになっているのがわかる。

クリティアスが説明する饗応の手順は次のようである。まず、ティマイオスが宇宙の生成から話を初め、人間の本性のところで話を終えることにする [27a]。次いで、クリティアスが、ティマイオスから話の中で出生させた人間を、そして、ソクラテスからはよく教育された人間を受け取って、この人間たちが往時のアテナイ人であったことを明らかにする。

ヘルモクラテスがどんな話をするかについてはクリティアスは何もいっていないが、クリティアスが自分の発言の次に控えていることに言及している（『クリティアス』108c-d)。

『クリティアス』は中断し未完のままになり、『ヘルモクラテス』はついに書かれなかったが、『ティマイオス』『クリティアス』『ヘルモクラテス』という三部作が構想されていたことがわかる。

したがって、『ティマイオス』の宇宙論だけが他の対話篇から切り離されて論じられてはいけないが、実際には『ティマイオス』だけが完全な著作として残ったため、他の対話篇と切り離されて注目を集めることになったのである。

『ティマイオス』と『クリティアス』で語られるヘラクレスの柱（ジブラルタル海峡）の外側にある「アトラスの大洋」、大西洋に突如として没したとされる幻の大陸アトランティスのことはよく知られており、この島がどこにあったか古代から多くの人が同定を試みたが、決定的な答えは見つかっていない。

しかし、『ティマイオス』の壮大な宇宙論も、中断はしているが、現実にあったと思わせるほどのリアルなアトランティスの話も、もともとは悲劇作家を志していたプラトンの文学的構想力が生み出した空想物語として見られるとすればプラトンには不本意なことではないかと思う。

ソクラテスの失望

『パイドン』によれば（96a以下）、ソクラテスは、アテナイに自然哲学が紹介された時に、それを研究することに大いに熱中したが、アナクサゴラスが宇宙全体を作る働きとしての知性を事物の生成を説明する原因として導入していたので、知性があらゆるものをまさにこうあるのが最善であるという仕方で秩序づけるだろうと期待してアナクサゴラスの書物を手にしたのに、そこには「知性」がまったく使われていなかったことに失望した。

ソクラテスは、アナクサゴラスが「それなしには」原因が原因として働くことのでき「ない」「副原因」（synaition, sine qua non）によってしか自然を説明しないことに失望したのである。ソクラテスは、自分が死刑判決を受けたのに脱獄しないで獄に留まっていることを例に引き、脱獄しないのは、何よりも自分がそうすることが「善」である（ためになる）と判断したからであると説明している。

これこそが「真の意味での原因」（『パイドン』98e）である。『パイドン』において表明されているソクラテスの失望は歴史的ソクラテスのそれをいくぶんかは反映しているであろう。プラトンは、このソクラテスの失望を受け、自然について知性と善にもとづく原因による説明をティマイオスに語らせたのである。

エイコース・ロゴス

ティマイオスが語る宇宙と人間についての話が現代の科学的知見からかけ離れているように見え

るのは、まず、ティマイオスの宇宙論が知性と善にもとづくものだからである。

次に、言論が「ある」ものを対象としているのであれば、それについての言論も永続的で確固としたものだが、不確定で変動する生成したもの、「ある」ものの「似姿」（エイコーン）が対象であるならば、言論もエイコース・ロゴス、つまり、真実らしい言論にしかなりえず、天体や万有の生成について整合的で正確な議論を与えることはできないからである。

内容的にも、『ティマイオス』を読むと、宇宙の創造、はては輪廻転生までが話題になるので戸惑う読者も多いだろうが、エイコース・ロゴスとしての宇宙論は、現代の読者が自然科学に期待するものとは別種のものなのである。

美しき善き宇宙

ティマイオスは、その宇宙論の最初で［29e］、デーミウールゴス（構築者）は善き方であり、すべてのものができるだけ自分に似たものとして生成することを欲したといっている。

そこで、デーミウールゴスは生成するものの中にもっとも善美なものを作り出したが、その際、生成するものの中に見られる原因を補助手段として用いながら、生成するものの中に善を作り出した。

原因には必然的なものと神的なものという二つの種類があり、人は神的な原因を「自然のあり方が許す限りの幸福な生を獲得するために」［69a］あらゆるものの中に探求しなければならない。

神的な原因を探求するとは、人間が正しく生きるために「神の配慮」［44d］を明らかにすることである。エイコース・ロゴスは、ただ生成したものについての感覚的な事実を明らかにすることではなく、この神の配慮を明らかにすることを目指しているのである。

ここには二つの問題がある。一つには、宇宙についての記述に「善」というような価値的なことを根底に置くことの意味は何かということである。この点については、まず『ティマイオス』において宇宙論的規模で展開されるイデア論、次に、同じく個人を超えて宇宙論的規模で問題にされることになった魂論の考察を通じて明らかにしたい。

価値的なことを記述の根底に置くことのもう一つの問題は、神は「善き方」ではあったが、全能な神ではなかったことである。神はすべてのものが「できるだけ」自分に似たものとして生成することを欲したといわれているが、全能の神であれば、「できるだけ」という制限は余計なものだったであろう。神は人間の制作を若い神々に委ね、その制作は必然の原因に制約され、神はその必然を「説得」しなければならなかった。このことは、この世界の悪はどこに起因するのかという問題に関わってくる。

イデア論

『ティマイオス』においては、イデア論は説明なしに受けいれられる教説として導入されている。しかも宇宙論的規模で展開されているが、『ティマイオス』では既知のこととして十分説明されていないことも含め、イデア論について補足したい。
もともとはソクラテスが正義や勇気、その他の徳について、それが「何であるか」を対話の中で問うた時、その答えとして予想されたものの彼方にあったのがイデアである。
後には、徳目などの価値的なものだけではなく、あらゆるものについてのイデアが問題にされ「まさに美であるところのもの」とか「美そのもの」といわれるようになったイデアの形而上学的な資格、身分について正面から注意が向けられるようになった。
以下、便宜のために、イデア論について論述される時に慣用される次の三つの記号を使う。
イデア―φ　例えば、美のイデア
イデアに対応する性質―F
当の性質を持つ個々のもの―x

xの解体

例えば、赤い花が咲いているのを見る時、常識的には、「この花は赤い」といい、花（x）が「赤さ」という性質（F）を持っていると考える。そして、性質を持つ当の「もの」（x）と、その「もの」に属する「性質（属性）」を区別することができる。「もの」は性質とは独立して存在する実体であり、性質はこの実体に属し、それに依存して初めて存在する。そして、性質の担い手そのものは、性質から区別され、性質を一切持たない、いわば純粋無垢のものであり「もの」には知覚される色も音も匂いもない。

以上のことは、認識論（知覚論）の場面では、知覚の因果説（causal theory of perception）を帰結するが、その性質を持たない純粋無垢なものが知覚を引き起こす（cause）、あるいは原因となる、といってみても、その意味するところは判然としない。

このように、常識的には、知覚の「対象」（x）と呼ばれるものが、何か恒久不変の実体的なものとして、知覚に先立って、あるいは、知覚の現場を離れて存在し、それが知識の世界そのもののうちに、知覚を引き起こす原因、知識の根拠として説明されるが、プラトンは、世界の究極の基礎としての「もの」的実体を抹消し、知覚の世界は徹底的な動と変化そのものに還元されると考えた。

そこで、例えば、石は、白い、冷たい、固いなどの知覚的性質の集合であるが、石それ自体も一つの性質であり、白い、冷たい、固いなどの形容詞的な知覚的性質とは認識論上の身分、資格差はなく、石という知覚的性質を支える実体はなく、あるのは、その時々に現れる知覚的性質だけである、とプラトンは考える。

これに対して、レウキッポスやデモクリトスらの原子論者は、世界の基礎として知覚的性質をまったく持たない「もの」を想定した。甘い、辛い、熱い、冷たい、色彩、そういいったものは、すべてノモス（習慣、約束事）の上でのことにすぎない。真実あるのは、原子と虚（空虚、虚空間）だけであるとデモクリトスはいっているが（断片9）、世界のあり方の真実の基礎は、原子と、原子がその中を運動する、または、原子と原子とを分け隔てる虚空間だけであり、知覚的性質はすべて真実には存在しない、さまざまな知覚的性質は、原子の集合体において、その一つ一つの原子の形や向き、配列などの結果として人の五感に現れる「仮り」の姿である、と考えた。

このような見方は日常的な思考や言語のあり方であり、その延長上の科学的な思考においては受け入れられるだろう。しかし、これは世界についての一つの見方ではあっても、世界の究極的なあり方ではない。世界の究極として「もの」だけが真実であるとすれば、このような世界は奇怪な世界といわなければならない。知覚的性質はすべて仮のものでしかなく、真実ありのままの世界は、人が認識する知覚とはまったく関わりがないものになってしまうからである。

井戸水は年中を通して同じ温度だが、夏は冷たく冬は温かく感じられる。しかし、この冷たい、温かいという感覚は仮のものであり、客観的な指標によって「本当は」十八度であると認めなければならない。

原子論のように「もの」に形而上学的な資格、身分を与えることが奇怪な世界像を帰結することだけが問題なのではない。色も味も一切の知覚的性質が世界の究極の基礎から排除されるばかりか、ものではない生命、心、目的、価値などがすべて排除されることになる。

臨床の場面に引きつけていえば、ある出来事を体験すれば必ずトラウマになるというような客観的な指標があるわけではない。臓器の生理学的、生化学的な状態や変化（x）が必ずしもただちに誰にも同じ症状を引き起こす（cause）わけではない。行動についてもそれの善悪を状況を離れて客観的に決めることはできない。

イデア

プラトンは、世界の基礎として「もの」的実体を抹消したが、知覚一元論、現象主義の立場を採らなかった。どんな知覚や判断もすべて正しいわけではないからである。

花を見た時に「この花はきれいだ」とは普通はいわない。ただ「きれい」とだけいう。知覚の現場ではただ知覚像（F）が現れるだけである。

知覚の対象としてのものがまず知覚とは独立に存在し、それが原因となって知覚像が生じるとは考えない。さりとて、現象一元主義にも立たないのであれば、知覚像が現れる原因をどこに求めるのか。端的にいえば、何か美しいものを見て、「きれい」といわせる究極の根拠としてのイデア（φ）である。「きれい！」という時の本来的な意味を支え、成立させているのがイデアである。

一般にFという言葉の意味を知っているということは、何かが現れた時に、それがFであるということを（あるいは、Fでないということを）判別できることである。しかし、この判別は、万人にとって、あるいは、あらゆる場合に一定不変ではない。私が美しいと判別した知覚像を他の人はそう判別しなかったり、かつては私が美しいと判別しなかったものを、今は、美しいと判別することがある。あるものを見て美しいという時、決して過去に見たものと比較して美しいといっているのではない。なぜなら、初めて見る景色に心動かされたり、初めて会った美しい人に目を奪われることもあるからである。

この問題を突き詰めていくと、どうしてもFという判別そのものの中に、先験的としかいえない何かが働いていると考えられる。それがFをFたらしめるイデア（φ）である。

イデアはこのように、経験の中にそのままの形で、現実の知覚像として現れることは決してないが、現実の判別の中にリアルに働き、判別自体を成立させている原因、根拠である。美が他ならぬ美として現れ、美として判別されるということ自体の中に、先験的な美のイデアが、理想、規範、基準として働いていることで初めて、この経験自体が成立している。

さらに、ある知覚像をFとして判別するということは、その知覚像が他ならぬFであることによって定まり、Fとして判別することに対する反応や対処、行動への合図を受け取るということである。

学生が講義を聴かずに眠っている姿を教師が視野の片隅に留めた時、その知覚像を教師がそれを叱責しなければならないという表情を持ったものとして見ることもあれば、何もしないでいいという判断をさせる表情を持ったものとして見ることもある。

赤信号を見ればブレーキを踏む。ボールが飛んでくるのを知覚すれば身をかわす。このような緊迫した行動から、無反応的反応まで、人が取るべきさまざまな基本的態度への合図を受け取るということは、そうすることが善であるかを判断するという意味で価値的な判別を行なうということである。

重要なことは、イデアと現実を混同してはいけないということである。イデアは知覚像や現在や過去の経験をFとして判別する根拠である。この世のいろいろなものにイデアの面影を認め、イデアをある程度想起することはできる。そのような形でしか、イデアを知ることはできない。

しかし、イデアの認識を深めれば深めるほど、地上のいかなるものとも混同することはなくなる。イデアと現実の混同は偶像崇拝への道を開くことになる。

『ティマイオス』におけるイデア論

こうしてプラトンは、以前は、知覚に先立って何らかのxの存在を前提としていたが、このxを抹消し、今やFとφの区別を究極的で根本的と見て、イデアの似姿（エイコーン）がそのまま事象として現れると考えるようになった。

『ティマイオス』では、この事象がうつし出される「場」（コーラー）が導入される［52a］。日常語で、「お腹が痛い」とか「歯が痛い」という時、その意味は、痛さという知覚的性状（F）がお腹や歯という「場」に現れてくるという意味であり、お腹や歯というxが「痛さ」という知覚的性状（F）を持つのではない。

「これは机である」という時も「これ」はものを指し示しているのではなく、机という知覚的性状が現れる場所を指定する語であり、「ここに机が見える」、つまり、机という知覚的性状がこの場に現れているという意味である。先に見た「この花はきれい」も同じで、目の前のこの場に美しい花という知覚的性状が現れているということである。

日常語としては、「これは水（火）である」という言い方をすることはできるが、本当は「これ」や「それ」ではなく「そのようなもの」「現れる度に、いつも同じようなものとして現れるもの」[49e] が水（火）であるというべきであることになる。

この現象の世界は、永続性のあるものから成る世界ではなく、「そのようなもの」が現れては消える特定の諸性格の「変動するパターン」、「そのようなもの」が場の中に入ると知覚に現れ、そして、再び、またそこから消滅していく。そこで、日常語では「これは美しい」と語られるが、それは正確には次のように記述されることになる。

「場のここに〈美〉のイデア（φ）がうつし出されて（F）いる」

「〈美〉のイデア（φ）の似像が場のこの部分に受け入れられて、〝美〟（F）として現れている」

例えば、水として現れるものは、実際には水という実体ではなく、〈水〉のイデアの似像（F）を受け入れた〈場〉の部分である。

現象界においては、似像が〈場〉のうちに入り、それぞれのものとして現れるが、その際、場の中に入る、場の内に生じる、あるいは、場が受け入れるものは、イデア（φ）自身ではなく、それの似像としての知覚的性状（F）である。日常語で「これは水である」といわれる時の「これ」は、知覚的性状が現れる場所を指す副詞である。

プラトンはこのように「場」を導入することで x を抹消したのであるから、『ティマイオス』には、火、空気、水、土を持ち出して、一見、原子論のような説明がされているが、それらは二つの始原三角形に還元され、「さらに遡った始原」［53d］にも言及されていることからわかるように、生成解体の過程における一時的様相であって究極性を持たない。

生きた宇宙

イデア論においては、以上見てきたように、ものは虚構として姿を消すことになるが、思惟する主体としての魂は世界の舞台から消されることはない。

古代ギリシアの哲学者は万物の根源（アルケー）が何かを探求したが、彼らがアルケーとしてあげる水や空気、無限なるものは決してものではなく、自然万有は生きており、魂であり、神だった。プラトンもこのようなギリシアの世界観の延長として、宇宙は魂を持ち、知性ある生きものとして生まれたと見た［30c］。自らが自らを動かす、動の始原として捉えられた魂が、今や個人の枠を越え、宇宙的規模で動の根拠であるとし、そのような魂にこの世界において唯一実体性が認められることになった。

この魂が動の始原であるから、ソーマ（物質、身体）はそれがあるだけでは動は発生しない。魂こそがソーマに先在し、魂が本原因で、ソーマが副（補助）原因である［46c-d］。

神が宇宙に秩序があるほうが善いと考えたように、人間の魂も善きものであることが求められる。知性と知識を愛する人は、知的な原因をもった魂をこそ第一に追求し、秩序ある宇宙のあり方から学んで自らを矯正し、知性を呼び覚まし、最初の自然の姿に返ることで「神々から人間に与えられた最善の生」［90d］をまっとうしなければならない。

他方、「他のものによって動かされ、また、他のものを必然的に動かすものに属する原因」［46e］をも探求しなければならない。「われわれが真剣に求めているもの（魂、神的な原因）は、それらなしには知ることも理解もできない「なくてはならないもの」だからである。

人間の魂も自分の中にある宇宙の魂と同じ動きを見て取って、宇宙に似せ本来の姿に戻すよう努めなければならない。これが先にも見たように、人間に与えられた最善の生、幸福なのである。ティマイオスが語る宇宙論は、ただ宇宙のあり方と人間の組成を明らかにすることが目的ではなく、宇宙と人間に神の足跡を見届けることで、いかに生きるかを解き明かしたものである。世界、宇宙をどう見るかということと、いかに生きるべきかという問いは切り離すことはできないのである。

悪の起源とその克服

先に見たように、神は創造のすべてに携わったわけではなく、あるところまで達すると、若い神々に残りの仕事、つまり、人間を作る仕事を託して自らは常の生活に戻った［42e］。そのため、神は人間を作る仕事には直接関与していない。また、神は善き方であり、すべてのものができるだけ自分に似たものとして生成することを欲したけれども、この世界はイデアのコピーでしかない。そのため、神はこの世界を完全に善きものにすることはできず、その意味で、それぞれの魂が持つ悪には責任がないことになる［42d］。

ギリシアにおいては、各人にそれぞれの運命を導くダイモーンがついていると考えられている（『パイドン』107d　cf.『ティマイオス』90a-c）。プラトンは、一般の通念とは違って、運命は与えられるものではなく、各人が自分自身で選び取るものであることを強調している。『国家』においては次のようにいわれている。

「責任は選ぶ者にある。神にはいかなる責任もない」（『国家』617e）

『クリティアス』では、アトランティス王国の詳細が語られている。王たちは神の性を守っている限り、父なるポセイドンの掟を守っていたが、死すべき人間との度重なる混交によって神の性が弱まり、人間の性が優位を占めてくると莫大な富が重荷になって堕落が始まった。それを見たゼウスが王たちに罰を与えるべく神々を集めて申し渡すところで、『クリティアス』は突如中断している。アトランティスの人が滅びたのは、道徳的退廃が原因である。他方、古のアテナイ人は道徳的に堕落したのではなく、ある日、天変地異によって滅びた。このような滅びは「必然」によるものである。

何の前触れもなく天変地異に襲われた人にとっては、神にはこのことに責任がないといわれても得心がいかないだろう。それでも手を拱いているわけにはいかない。ましてや、人間の愚行に起因する悪に対してはできることは必ずある。プラトンは戦争について次のようにいっている。

「すべての戦争は財貨の獲得のために起こる」（『パイドン』66c）

経済を優先しそのためには国益ではなく私益のことしか考えず戦争も辞さない政治家の横暴を許していれば、蓄積された莫大な富の重荷に耐えかね破滅したアトランティスと同じ運命を辿ることになるだろう。ここに訳出した『ティマイオス』と『クリティアス』は、今もなお警鐘の書である。

本書が成るにあたって、多くの方のお力添えをいただきました。
京都大学の藤澤令夫先生の講筵に列することを許された年から二年ほどかけて演習で読んだのが『ティマイオス』でした。先生の厳しい指導と真摯な研究態度から多くのことを学びました。膨大な文献を渉猟した種山恭子先生による『ティマイオス』の翻訳がなければ、私の翻訳を完成させることは到底できませんでした。先生が博覧で多識であることにいつも驚嘆していました。すでに鬼籍に入られたお二人の先生の御霊前に本書を捧げます。
訳稿を丹念に読んでくださった白澤社の吉田朋子さんと坂本信弘さんにも感謝します。

岸見一郎

〈主な使用文献〉

『プラトン全集12　ティマイオス　クリティアス』岩波書店、一九七五年
國方英二『プラトンのミュートス』京都大学出版会、二〇〇七年

田中美知太郎『プラトンII　哲学（1）』岩波書店、一九八一年
田中美知太郎『ロゴスとイデア』文藝春秋、二〇一四年
藤澤令夫『ギリシア哲学と現代　世界観のあり方』岩波書店、一九八〇年
――『プラトンの哲学』岩波書店、一九九八年
――『藤澤令夫著作集』岩波書店、二〇〇〇～〇一年
――『プラトンの認識論とコスモロジー』岩波書店、二〇一四年

Archer-Hind, R.D. *The Timaeus of Plato*, Arno Press, 1973.
Burnet, J. ed. *Platonis Opera, 5 vols.*, Oxford University Press, 1899-1906.
Bury, R.G. *Plato IX*, Harvard University Press, 1929.
Cornford, F. M. *Plato's Cosmology*, Routledge & Kegan Paul, 1937.
Guthrie, W. K. C. *A History of Greek Philosophy V*, Cambridge University Press, 1978.
Platon, *Œuvres complètes. Tome X: Timée - Critias*, traduit par Rivaud, A., LES BELLES LETTRES, 1925.
Platon, *Sämtliche Werke 5*, Rowohlt Taschenbuch Verlag, 1959.
Plato, *The Atlantis Story*, ed. Gill, C., Bristol Classical Press, 1980.
Plato, *Timaeus*, translated by Zeyl, Donald J. Hacket Publishing Company, 2000.
Plato, *Timaeus and Critias*, translated by Waterfield R., Oxford University Press, 2008.
Taylor, A. E. *A Commentary on Plato's Timaeus*. Clarendon Press, 1928; repri. Garland, 1967.

◎場（コーラ—）への言及（いずれもプラトンに触発された独自の議論）

西田幾多郎「場所」（上田閑照編『場所・私と汝　西田幾多郎哲学論集Ⅰ』岩波文庫所収）

M. ハイデガー『形而上学入門』（川原栄峰訳、平凡社ライブラリー他）……［50e］

J. クリステヴァ『詩的言語の革命　第一部　理論的前提』（原田邦夫訳、勁草書房）Ⅰ－２及び原注15、16、17、18

J. デリダ『コーラ　プラトンの場』（守中高明訳、未来社）……［17a-19e、20c、20e、21a-b、23a、23c、23d、24d、26b-c、29b-d、44d、48a-b、48d-e、49a、50b、50d、52a、52b、52e、53a、57d、59c、59d、72d-e、69a、92c］

〈付・現代の思想家たちによる言及〉

※ 20世紀に活躍した思想家たちの著作から『ティマイオス』への主な言及を拾った。邦訳のあるものに限った。言及箇所がはっきりわかるものについては『ティマイオス』の章番号は〈　〉で、欄外に表示した段落番号は［　］で示した。（白澤社編集部による）

A. N. ホワイトヘッド『観念の冒険』（山本誠作・菱木政晴訳、松籟社）
第七章「自然の法則」……［29c］
第八章「宇宙論」……［33c、52d、48e］
第九章「科学と哲学」……アリストテレスとの対比・『ティマイオス』の影響力

アラン『プラトンに関する十一章』（森進一訳、筑摩書房）第6章

S. ヴェイユ「『ティマイオス』註解」（今村純子訳『前キリスト教的直観』法政大学出版局所収）……［28a-b、28c-29a、29d-30a、30b-31d、34b、34c、36b-c、37d-e、38a-b、38c、39b-c、47b-c、47e-48a、90a-b、90c、90c-d］

H. アーレント『過去と未来の間』（引田隆也・斉藤純一訳、みすず書房）
第二章「歴史の概念」への原注2……デーミウールゴスについて
第三章「権威とは何か」への原注13……〈31〉
第七章「真理と政治」pp.325～326……［51d-52］

G. ドゥルーズ『差異と反復』下巻（財津理訳、河出文庫）、第五章「感覚されうるものの非対称的総合」p.173-6……［35-37］

H. ヨーナス『生命の哲学』（細見和之・吉本陵訳、法政大学出版局）
第5章「神は数学者か？」……デーミウールゴスによる世界創造
第11章「グノーシス主義、実存主義、ニヒリズム」の原注13……［30c］

《著者略歴》

プラトン（Πλάτων）

前 427 年、アテナイで生まれた。はじめは政治家を志していたが、師ソクラテスの刑死に衝撃を受け、『ソクラテスの弁明』『クリトン』を執筆。以後、『プロタゴラス』『ゴルギアス』『メノン』などソクラテスを主な登場人物とする多くの対話篇を著す。前 386 年頃、アテナイ郊外のアカデメイアに自らの学園を創設。後進の指導に当たりながら『国家』『パイドロス』『テアイテトス』などを執筆。前 367 年、シケリア島に招かれたのを機に同地の政変に巻き込まれ、収拾案を提言した、プラトンの真作とされる『第七書簡』が伝えられている。晩年はアカデメイアでアリストテレスらを指導しながら『ソピステス』『ポリティコス』『法律』などを執筆。本書に収めた『ティマイオス』と『クリティアス』も晩年の作品と推定されている。前 347 年没。

《訳者略歴》

岸見 一郎（きしみ いちろう）

1956 年、京都生まれ。京都大学大学院文学研究科博士課程満期退学（西洋哲学史専攻）。奈良女子大学文学部（古代ギリシア語）、京都教育大学教育学部（哲学）、甲南大学文学部（西洋哲学史）、近大姫路大学看護学部（生命倫理）などで非常勤講師を歴任。

著書に『嫌われる勇気』『幸せになる勇気』（いずれも古賀史健と共著、ダイヤモンド社）、『よく生きるということ 「死」から「生」を考える』（唯学書房）、『生きづらさからの脱却』（筑摩書房）、『〈シリーズ世界の思想〉プラトン ソクラテスの弁明』（KADOKAWA）、訳書にアドラーの『人生の意味の心理学』（アルテ）など多数。

ティマイオス／クリティアス

2015年10月30日　第一版第一刷発行
2024年 1 月15日　第一版第五刷発行

著　者　プラトン
訳　者　岸見一郎
発　行　有限会社 白澤社《はくたくしゃ》
〒112-0014　東京都文京区関口1-29-6　松崎ビル2F
電話　03-5155-2615 ／ FAX　03-5155-2616 ／ E-mail : hakutaku@nifty.com
https://hakutakusha.co.jp/
発　売　株式会社 現代書館
〒102-0072　東京都千代田区飯田橋3-2-5
電話　03-3221-1321㈹／ FAX　03-3262-5906

装　幀　装丁屋KICHIBE
印刷・製本　モリモト印刷株式会社
用　紙　株式会社市瀬

 ISBN978-4-7684-7959-9

白澤社《はくたくしゃ》 刊行図書のご案内

発行・白澤社　発売・現代書館

白澤社

白澤社の本は、全国の主要書店・オンライン書店でお求めいただけます。店頭に在庫がない場合でも書店にご注文いただければ取り寄せることができます。

三木清『人生論ノート』を読む

岸見一郎 著

定価1800円＋税
四六判並製、224頁

「我々は我々の愛する者に対して、自分が幸福であることよりなお以上の善いことをなし得るであろうか。」生きていればこそ生じる様々な感情について、戦前・戦中に言論人として活躍した哲学者・三木清は、どのように考え何を読者に伝えようとしたのか。長く読まれてきた珠玉の人生論を『嫌われる勇気』の著者が読み解く。

希望について
——続・三木清『人生論ノート』を読む

岸見一郎 著

定価1700円＋税
四六判並製、176頁

「人生は運命であるように、人生は希望である。」危機の時代を生きた卓抜な哲学者が綴った『人生論ノート』から、前著『三木清『人生論ノート』を読む』で取り上げなかった、懐疑、習慣、瞑想と感傷、利己主義、健康、秩序、仮説、旅、偽善、娯楽などのテーマについて、希望をキーワードに読み解く。

結婚の自由
——「最小結婚」から考える

植村恒一郎、横田祐美子、深海菊絵、岡野八代、志田哲之、阪井裕一郎、久保田裕之 著

定価2500円+税
四六判並製、256頁

婚姻制度は、国家が法的・経済的・社会的手当を配分する制度である。それ故「結婚」によってもたらされる公的支援は全ての人にアクセス可能でなければならないと米国フェミニスト哲学者ブレイクが提唱した「最小結婚」を手がかりに、7人の執筆者が哲学・政治学・社会学などの分野から「結婚」について論じる刺激的な論集。